Redaktion

Elke Hartebrodt-Schwier, Michael Jahnke, Sybille Kalmbach, Sonja Klotz,
Heike Obergfell, Jens Weber

Impressum

Copyright 2004 Aussaat Verlag

Verlagsgesellschaft des Erziehungsvereins Neukirchen-Vluyn

Titelbild: Gülçan Holtemeyer

Illustration, graphische Gestaltung: Jens Weber

ISBN: 3-7615-5353-6

Best.-Nr.: 155 353

Printed in Germany

Religion *praktisch* **3**

Michael Jahnke (Hg.)

*Boten, Flügel,
Himmelschöre*

Mit Kindern das Thema Engel erleben

Engel

Lange Zeit waren die Engel vergessen, nur als Weihnachtszubehör lagen sie in den Verkaufsregalen, oder Kirchenbesucher sahen Figuren an den Decken und Wänden und hielten sie für Engel. Seit Mitte der 80er Jahre des letzten Jahrhunderts wurden die Engel wieder entdeckt – vor allem von den Theologen. Heute sind sie zur Mode geworden, sie sind „In". In pädagogischen Zeitschriften kamen vor 15 bis 20 Jahren erste Fragen auf: Wie ist das eigentlich mit den Engeln in der Bibel? Wie kann ich meinem Kind etwas über Engel erzählen? Nicht nur Eltern, Pädagogen und Theologen haben sich seitdem intensiv mit dem Thema befasst, auch in unserer Alltagswelt haben sich die Engel breit gemacht. Sätze wie: „Du bist ein Engel" oder „Deine Tochter sieht hinreißend aus - ein richtiger Engel" kennt fast jeder, sie sind auch nicht neu. Neu sind Filme (besonders aus Hollywood), die Engel einem breiten Publikum gezeigt haben. Das Muster ist oft sehr ähnlich: Engel werden auf die Erde geschickt, um irgendeiner Person zu helfen. Oft in eine Komödie verpackt kommt es zu Verwicklungen und einem Happy End. Zum Teil wird der Engel von der Liebe zu einem Menschen so überwältigt, dass er beschließt, aus dem himmlischen Dienst auszuscheiden und nur noch Mensch zu sein. Ist das unser Bild vom Engel? Oder ist es ein Wesen, dass für Versicherungen wirbt, weil die ihren Versicherten besser helfen als ein „richtiger" Engel, oder für ein Auto, das einfach nur himmlisch fährt? Bleiben wir beim Auto: die „gelben Engel" eines Automobilklubs sind so selbstverständlich wie der „Blaue Umweltengel" als Symbol für Umweltverträglichkeit. Die Nachrichten und Zeitungsmeldungen sprechen nur zu oft vom „Schutzengel", wenn ein Mensch einen schweren Unfall überlebt hat, oder eine Sache noch einmal gut ausgegangen ist.

Engel: Wer? Was? Wozu?

Fragen entstehen, wenn man sich mit dem Thema Engel befasst: Wer oder was ist ein Engel? Welche Engel gibt es? Wie sehen Engel aus? Welche Aufgaben haben sie? Was ist das Wesen eines Engels? Im folgenden soll versucht werden, für diese Fragen eine Orientierungshilfe anzubieten.

Wortbedeutung

Das Wort Engel leitet sich aus dem griechischem Begriff "angelos" ab, was soviel bedeutet wie "Bote" oder "Gesandter". Engel sind also die Boten des Göttlichen, Mittler zwischen Gott und Mensch, Geistwesen ohne physischen Körper. In fast allen Kulturen finden wir sie vor. Die Engel dienen der Umsetzung des göttlichen Plans.

Anzahl und Einteilung der Engel

Das Wort Engel kommt in der Bibel 305 mal vor. Die Engel lassen sich sowohl im Alten Testament als auch im Neuen Testament finden. In biblischen Texten wird ganz selbstverständlich von Engeln, ihrer Existenz und ihren Aufgaben gesprochen. Sie sind Geschöpfe Gottes und haben ihre Aufgabe von Gott zugeteilt bekommen. Es finden sich in den biblischen Texten Angaben über die Anzahl der Engel. So wird in Hebräer 12,22 von „Tausenden von Engeln" berichtet, die sich zu einer festlichen Versammlung treffen. In der Offenbarung wird eine unermessliche Zahl beschrieben: „zehntausendmal zehntausend und tausendmal tausend". Auch in Matthäus 26,53 wird von einer numerischen Angabe berichtet. Dort verweist Jesus bei seiner Gefangennahme auf „zwölf Legionen Engel", die sein Vater schicken könnte, wenn Jesus ihn darum bäte.

Hebräer 12,22
Offenbarung 5,11
Matthäus 26,53

Die Zahlenangaben in den Textstellen machen deutlich, dass die Zahl der Engel nicht bestimmt werden kann. Besonders die Angabe im Text der Offenbarung verweist darauf, dass die Anzahl der Engel unendlich groß ist und nur Gott weiß, wie viele es letztlich sind.

Obwohl es unendlich viele Engel gibt, kann eine Individualität jedes einzelnen Engels vorausgesetzt werden. Es sind einige Versuche unternommen worden, Engel zu klassifizieren. Diese Einteilungsversuche gehen auf das Modell von Pseudo Dionysius Areopagit zurück, der die Engel in drei Hierarchien zu je drei Gruppen einteilte. In der oberen Hierarchie sah Pseudo Dionysius die Seraphim, Cherubim und Throne; in der mittleren Hierarchie die Herrschaften, Gewalten und Fürsten und in der unteren

Hierarchie die Mächte, Erzengel und Engel. Thomas von Aquin (1225-1274) übernahm diese Einteilung und beschrieb die Aufgaben innerhalb der drei hierarchischen Bereiche. So sind die Engel der oberen Hierarchie für den Dienst an Gottes Thron zuständig. Die Seraphim sind der Widerschein höchster Gottesliebe und beten Gott ununterbrochen an. Die Cherubim bilden den Abglanz der göttlichen Weisheit. Die Throne schließlich sind ein Aufleuchten der göttlichen Majestät. Der mittleren Hierarchie kommt die Aufgabe zu, die Herrschaft Gottes im Universum aufzubauen. Thomas von Aquin vergleicht die himmlischen Herrschaften, Gewalten und Fürsten mit den irdischen Fürsten, die den Landbesitz des Königs verwalten. Ebenso sind die Engel Verwalter Gottes. Die Engel der unteren Hierarchie sind schließlich zuständig für den Dienst am Menschen. Die Mächte, Erzengel und Engel sind mit der Obhut der Menschen betraut.

Die Hierarchie der Engel nach Thomas von Aquin

Hierarchie	Chöre		
Obere Hierarchie	*Chor der Seraphim*	*Chor der Cherubim*	*Chor der Throne*
Dienst am Thron Gottes	*Widerschein höchster Gottesliebe, Anbetung Gottes*	*Abglanz göttlicher Weisheit*	*Aufleuchten göttlicher Majestät*
Mittlere Hierarchie	*Chor der Herrschaften*	*Chor der Gewalten*	*Chor der Fürsten*
Aufbau der Herrschaft Gottes im Universum		*Verwaltung von Gottes „Landbesitz"*	
Untere Hierarchie	*Chor der Mächte*	*Chor der Erzengel*	*Chor der Engel*
Dienst am Menschen		*Betraut mit der Obhut der Menschen*	

Hildegard von Bingen schlägt eine andere Einteilung vor. Sie geht zwar ebenfalls von neun Chören in drei unterschiedlichen Gruppierungen aus, ordnet aber anders zu. Die Gruppierungen in diesem Modell gehen nicht von einer Hierarchie aus. Hildegard von Bingen bildet zwei Gruppierungen mit je zwei Chören und eine Gruppierung mit fünf Chören. Die Engel der beiden Gruppierungen mit je zwei Chören sind für den Dienst am Leib und an der Seele zuständig. Die Engel in der Gruppe mit den fünf Chören sind je für die Sinne zuständig. Die vier Chöre der Engel des Dienstes an Leib und Seele umschließen dabei die fünf Chöre der Engel für die Sinne in einem kreisförmigen, umschließenden Modell.

Die vorgenommen Einteilungen sind nicht als Glaubenswahrheiten aufzufassen, über die zu streiten wäre. Sie stellen theologische Meinungen dar.

Chor der abgefallenen Engel

Ein zehnter Chor, der Chor der abgefallenen Engel, wird in der Literatur zum Thema beschrieben. Bei den abgefallenen Engeln handelt es sich um Engel, die meinten, sie könnten so sein wie Gott. Deshalb wurden sie von Gott verworfen und verfielen der ewigen Verdammnis.

Aussehen der Engel

Fragt man heute Menschen, wie ein Engel aussieht, erhält man vermutlich viele unterschiedliche Antworten. In der Kunstgeschichte sind viele bildhafte Vorstellungen von Engeln entwickelt worden und der Engel-Boom der letzten Jahre hat zum Teile skurrile Figürlichkeiten hervorgebracht. Es gibt in den biblischen Erzählungen Hinweise auf die Erscheinungsformen, derer sich die Engel bedienen. Im Buch Tobit wird berichtet, dass der Erzengel Rafael die Gestalt eines Mannes einnahm, um den Jungen

Tobias auf seiner Reise zu begleiten. In der Erzählung von den Männern im Feuerofen (Daniel 3) erscheint der Engel als ein Jüngling. Die Wächter am Eingang des Paradieses werden mit einem Flammenschwert ausgestattet charakterisiert (1.Mose 3,24) und in der Offenbarung werden Engel als Vielaugen- und Vielflügelwesen beschrieben: „Und vor dem Thron war es wie ein gläsernes Meer, gleich dem Kristall, und in der Mitte am Thron und um den Thron vier himmlische Gestalten, voller Augen vorne und hinten. Und die erste Gestalt war gleich einem Löwen, und die zweite Gestalt war gleich einem Stier, und die dritte Gestalt hatte ein Antlitz wie ein Mensch, und die vierte Gestalt war gleich einem fliegenden Adler. Und eine jede der vier Gestalten hatte sechs Flügel, und sie waren außen und innen voller Augen, und sie hatten keine Ruhe Tag und Nacht und sprachen: Heilig, heilig, heilig ist Gott der Herr, der Allmächtige, der da war und der da ist und der da kommt." (Offenbarung 4, 6-8). Weniger spektakulär werden Engel an anderer Stelle der Offenbarung beschrieben: „Und die sieben Engel mit den sieben Plagen traten heraus; sie waren in reines glänzendes Leinen gekleidet und trugen um ihre Brust einen Gürtel aus Gold." (Offenbarung 15,6) Dies kommt den Beschreibungen näher, von denen in den biblischen Berichten erzählt wird. Ein leuchtendes Gewand oder eine Lichtwirkung bei ihrer Erscheinung kleidet und begleitet die Engel. (Matthäus 28,2+3) Es bleibt festzuhalten: Über Aussehen und Geschlecht geben die biblischen Berichte keine letztgültige Auskunft. Vielmehr wird deutlich, dass Engel gestaltlose Wesen sind, die sich einer Erscheinungsform bedienen, wenn sie mit Menschen in Kontakt treten. Ein Grund, warum Engel in verschiedenen Gestalten erscheinen, ist, dass die Menschen, denen sie begegnen, nicht erschreckt werden sollen. Die Schilderungen in Offenbarung 4 oder auch Hesekiel 1,5-9 beschreiben mit den Äußerlichkeiten die Natur der Engel. Es wird deutlich: Nicht das Aussehen eines Engels ist wichtig, sondern die Aufgabe, die er erfüllt. Entscheidend ist, was sie mit den Menschen tun, denen sie begegnen: Sie reden (Lukas 2), schützen (1.Mose 19), begleiten (Matthäus 4), führen (2.Mose 14), aber sie kämpfen (1.Mose 32) und töten (2.Könige 19) auch.

Haben Engel Flügel?

Die Flügel sind für die meisten Menschen zum wichtigsten Kennzeichen eines Engels geworden. Tatsächlich kommen in der Bibel die meisten Erzählungen von Engeln ohne eine Erwähnung von Flügeln aus. Dort, wo von Engeln mit Flügeln berichtet wird, ist es meistens mehr als ein Paar Flügel. In diesen Schilderungen haben die überzähligen Flügel eine Bedeutung, die nicht dem Fliegen zuzurechnen ist: Die Engel bedecken damit ihr Gesicht und ihre Füße angesichts der Herrlichkeit Gottes. Es liegt nahe anzunehmen, dass sich die bildhafte Vorstellung von Engeln mit Flügeln aus den Aufgaben der Engel, Botschaften zu überbringen oder Schutz zu gewähren, ableiten ließ. Mit den Flügeln kann der Engel seinem Auftrag nachkommen, schnell die Botschaft Gottes zu übermitteln (so sieht Hildegard von Bingen es beispielsweise); unter den Flügeln können sich schutzbedürftige Menschen verbergen.

Aufgaben der Engel

Nicht selten ist der Name der Engel Programm. Bei den drei in den biblischen Erzählungen namentlich bezeichneten Engeln ist dies so. Es handelt sich dabei um die drei Erzengel Gabriel, Rafael und Michael. So bedeutet der Name Michael übersetzt: „Wer ist wie Gott?". In der Offenbarung des Johannes wird geschildert, dass der Erzengel Michael mit den Mächten der Finsternis kämpft (Offenbarung 12, 1-17). Gabriel bedeutet: „Kraft Gottes". Nicht ohne

Engel für den Dienst am Leib
(2 Chöre)

Engel für die Sinne
(5 Chöre)

Engel für den Dienst an der Seele
(2 Chöre)

Gruppierung der Engel nach Hildegard von Bingen

Grund wird gerade der Erzengel Gabriel zu Maria gesandt (Lukas 1, 11-26). Von dem Erzengel Rafael wird in dem Buch Tobit berichtet. Er wird dort zum Begleiter von Tobias, dem Sohn Tobits. Tobit wird bei der Rückkehr seines Sohnes von einer Augenkrankheit geheilt. Der Name Rafael bedeutet: „Arznei Gottes".

Die Aufgaben an Jesus Christus

Christus steht im Mittelpunkt der Engel. Dies gilt nicht nur für eine himmlische Realität: „Wenn der Menschensohn in seiner Herrlichkeit kommt und alle Engel mit ihm, dann wird er sich auf den Thron seiner Herrlichkeit setzen" (Matthäus 25.31); sondern auch für die Zeit des irdischen Lebens. Die Engel begleiteten Jesus, sangen bei seiner Geburt, beschützten ihn und seine Familie, brachten Nachrichten, stärkten ihn und waren bei seiner Auferstehung tätig.

Weitere Aufgaben

Wenn man die Stellen in der Bibel nachschlägt, in denen von Engeln berichtet wird, dann wird deutlich, dass sich die Aufgaben der Engel nicht auf Botendienste oder den Dienst an Christus beschränken lassen.

Engel beschützen: Gott sendet seine Engel aus, um seine Auserwählten zu beschützen. Dies erfährt auch Lot (1.Mose 19, 1.9-11).

Engel behüten: In Psalm 91 heißt es: „Denn er befiehlt seinen Engeln, dich zu behüten auf allen deinen Wegen".

Engel retten und befreien: Die Magd Hagar erfährt dies am eigenen Leib (1.Mose 21,17) und im Neuen Testament befreit ein Engel Paulus aus dem Gefängnis (Apostelgeschichte 12,7).

Engel gebieten Einhalt: Bei der beinahe vollzogenen Opferung von Issak gebietet der Engel im letzten Moment Einhalt (1.Mose 22, 10f).

Engel Gottes verkünden: In vielen biblischen Erzählungen wird tatsächlich von der Botenfunktion der Engel berichtet. So wird die Geburt Jesu den Hirten durch einen Engel verkündet (Lukas 2,8ff). Aber bereits im Alten Testament wird von den himmlischen Boten berichtet. So wird auch die Geburt Simsons den Eltern von einem Engel angekündigt (Richter 13,2f).

Engel berufen: Gideon wird von einem Engel in den Dienst Gottes berufen (Richter 6, 11ff).

Engel spenden Beistand: Der Prophet Elia erfährt den Beistand eines Engels, der ihn in der Zeit größter Erschöpfung mit Nahrung versorgt und ihn neu motiviert (1.Könige 19,5).

Engel vollstrecken Gottes Strafgericht: In der Offenbarung wird beschrieben, dass die Engel, als Engel der sieben Plagen, das Strafgericht Gottes für die Welt vollstrecken.

Engel überwinden die Distanz zwischen den Menschen und Gott. Begegnungen mit ihnen sind eigentlich Gottesbegegnungen. Über die Begegnung mit einem Engel ermöglicht Gott einem Menschen eine Veränderung seiner Wahrnehmung, das Treffen einer Entscheidung oder einen Impuls zum Handeln. In den biblischen Schilderungen treffen Engel die Menschen in Alltagssituationen an, bei der Arbeit, vor dem Zelt, auf einem Weg. Sie deuten darauf hin, dass in diesen Situationen Gott am Wirken ist. Engel sind eine Möglichkeit, Gott zu begegnen.

Existenz der Engel

Glauben oder nicht glauben – das ist hier die Frage. Die deutschen Bischöfe stellen in dem Erwachsenenkatechismus fest, „ein ernsthaftes Sprechen über die Engel ist auch deshalb schwierig, weil wir dabei an die Grenzen der menschlichen Aussagemöglichkeiten geraten" (ebd. S.109). Die Kirche hat sich in ihrer Geschichte allerdings immer zu der Existenz der Engel bekannt. Dieses Bekenntnis findet sich auch im Katechismus der Katholischen Kirche wieder: „Dass es geistige, körperlose Wesen gibt, die von der Heiligen Schrift für gewöhnlich Engel genannt werde, ist eine Glaubenswahrheit. Das bezeugt die Schrift ebenso klar wie die Einmütigkeit der Überlieferung" (ebd. S.328). Engel, insbesondere Schutzengel, sind für viele Menschen Teil ihrer Lebensrealität. Die Erfahrungen, die Menschen mit Engeln machen, unterliegen aber einer Deutung, die bewusst oder unbewusst auf dem Hintergrund eines Glaubens oder Nicht-Glaubens vorgenommen wird.

Engel und Kinder

Der Schutzengel ist für die Arbeit mit Kindern der vielleicht einfachste Einstieg in das Thema, da der Schutzengel sehr oft in unserem Alltag präsent ist. Viele Kinder können sich unter dem Schutzengel etwas vorstellen. Es wird interessant sein, wenn Kinder einmal malen, wie sie sich ihren Schutzengel vorstellen. Je nach Alter, sozialer Herkunft oder religiöser Sozialisation werden sie von unterschiedlichen Engelbildern geprägt: von Filmen im Kino oder Fernsehen, von der Werbung, vom Rauschgoldengel oder vom Engelbild auf einem Kinderkalender. Kinder sind sehr empfänglich für die Vorstellung, dass das Leben nicht nur das Sichtbare enthält. Für sie ist es selbstverständlich, von Engeln zu reden und auch Engel zu spielen. Mit zunehmendem Alter der Kinder wird der Engelglaube oder die Engelvorstellung abgelegt wie der Glaube an den „Weihnachtsmann": es ist ein Märchen, Fakten sprechen dagegen, und beweisbar sind Engel schließlich nicht. Begegnungen mit den Engeln können nicht bewiesen, sondern nur erfahren werden – auch von Kindern.

In der Schule, Kirche oder Familie muss das Engelbild der Kinder zunächst aufgenommen und aufgegriffen werden. Dann können die eigenen Vorstellungen der Kinder mit den biblischen Schilderungen zusammengeführt werden. Die Engelgeschichten der Bibel geben den Kindern die Möglichkeit, die religiöse Dimension der Engel kennen zu lernen und sich auf die Engel der Bibel einzulassen. Engel begleiten uns auf unseren Wegen.

Du bist ein Engel

„Du siehst aus wie ein Engel." „Du bist ein Engel." So etwas sagen wir Erwachsenen nur zu oft – zu Kindern, aber auch zu anderen Erwachsenen. Welche Vorstellung von Engeln vermitteln wir unseren Kindern mit solchen Sätzen? Unsere eigenen! Daher müssen auch Erwachsene sich zunächst mit ihrem Bild von Engeln beschäftigen und sich fragen, welche Vorstellung sie an die Kinder in der Schule, der Kirche oder der Familie weitergeben wollen und können.

Religionspädagogische Bedeutung

Wenn Menschen sich heute mit dem Thema Engel befassen, dann stoßen sie nach der Arbeit durch die werbewirksam installierten Schmunzelengel im Kern auf die Vorstellung von Engeln, die das Leben von Menschen begleiten und beschützen. Glaubt man den Meinungsforschern, dann glaubt jeder zweite Deutsche daran, dass es Schutzengel gibt. Diese Vorstellung kommt nicht erst in der Postmoderne zustande, auch wenn sie derzeit einen nicht zu leugnenden Boom erlebt. Die Annahme, dass es Schutzengel gibt, reicht zurück bis zu den Anfängen der Menschheitsgeschichte.

Engel symbolisieren und verkörpern im Grunde die religiöse Dimension, die allem menschlichen Leben zueigen ist. Sie stehen für Schutz und Begleitung in erster Linie, in zweiter Linie aber auch für Begrenzung und Deutung des eigenen Lebens. Grundlage für diese Bedeutungszuweisung ist die Erfahrung, dass jede menschliche Existenz immer auch gefährdet und bedroht, nicht zuletzt auch unerklärbar und geheimnisvoll ist. Der Mensch ahnt und erfasst, dass es „etwas" jenseits des menschlichen Wissens gibt, das in die Diesseitigkeit hineinragt. Menschliches Leben wird als bedürftig einer besonderen Begleitung und höheren Deutung begriffen. Engel, als Boten und Mittler Gottes, verkörpern die Begleitung und die Deutung menschlichen Lebens.

Engel: Boten Gottes

Biblische Texte
1.Mose 18, 1–15
Lukas 1, 26–38
Lukas 2, 8–20

Der Aufbau dieses Werkheftes folgt einem Dreischritt. Der erste Schritt verknüpft die Thematik Engel mit den biblischen Berichten von Engeln als Boten Gottes. So kommen sie in der Bibel hauptsächlich vor. Auch wenn sie sich bei ihrer Begegnung mit den unterschiedlichen Menschen einer menschlichen Gestalt bedienen, spielt ihr Aussehen letztendlich keine Rolle. Wichtig ist allein ihre Funktion. Sie überbringen göttliche Nachrichten. Dabei begegnen sie den Adressaten der Botschaft im alltäglichen Leben, mitten zwischen Besorgungen und Arbeit. Oft werden sie erst im Nachhinein als Überbringer einer himmlischen Nachricht erkannt. Die Existenz der Boten Gottes lässt sich nicht beweisen. Nur in der Begegnung können sie direkt erlebt und erfahren werden.

Haben Kinder etwas mit den Boten Gottes zu tun? Der erste Zugang der Kinder zu diesem Thema ist der über Engel als schützende und begleitende Instanz in ihrem Leben, als Schutzengel. Dieses Thema wird erst im zweiten Schritt aufgegriffen. Die Erzählung biblischer Geschichten, in denen Engel als Boten Gottes auftreten, bestimmt deshalb den ersten Schritt. Nicht zufällig sind es die Geschichten von den „Engeln der Weihnacht", die hier aufgegriffen worden sind, kommen doch die Engel gerade in der Advents- und Weihnachtszeit vermehrt in den Blick.

Der Entfaltung vorgeschaltet sind allerdings einführende Gestaltungsbausteine, die die Vorstellung abfragen, die Kinder von Engeln mitbringen. Mit diesen Vorstellungen sollen die Kinder zu Wort kommen und vor allem ernstgenommen werden.

Engelsgedicht

Engel schweben über Hügel?
Engel haben große Flügel?
Kommen her aus andern Welten?
Engel sind hier ziemlich selten?
Engel haben wunderbare Sommersprossen, rote Haare.
Engel haben grüne Augen
und Hände, die zum Helfen taugen.
Engel tragen diese großen abgewetzten Baggyhosen
und in den Schuhen wo sie stehen,
sind Füße, die zum andern gehen!
Engel tanzen, hüpfen, singen,
bringen diese Welt zum Klingen,
versprühen fröhliche Ideen,
dort wo sie einen traurig sehen.
Engel findet man in Klassen.
Engel laufen, fahr'n auf Straßen,
sind manchmal laut,
sind manchmal still
und immer dort, wo Gott sie will!

Die Straxe und die Neue in der Schule

„Na, du brauchst dich ja nicht zu beschweren, du sicher nicht!" Mara, Patty und Eduard trödeln gelangweilt den Schulweg nach Hause. „Aber trotzdem, Mara. Solch ein Name! Da ist mein „von Kahlen" richtig langweilig dagegen. Bleibt sie für immer, die Neue?" fragt Eduard.

„Ich glaube schon. Sie kommt aus Spanien. Angelina Martinez, ein wahnsinnig toller Name. Oder?" Patty ist noch immer ganz begeistert. „Frau Röhling hat gesagt, Angelina bedeutet kleiner Engel", erinnert sich Mara. „Ob sie einer ist?" „Ach Quatsch!" Eduard schüttelt den Kopf. „Sie hat braune, kurze Haare. Engel sind blond! Und sie trägt einen Ringelpulli und kein weißes Gewand!" „Vielleicht müssen Engel nicht immer so sein, wie wir sie uns vorstellen", überlegt Mara. „Aber kannst du dir Angelina denken, wie sie im Ringelpulli vor den Hirten steht und ihnen die Geburt Jesu verkündet?" zweifelt Eduard. „Weißt du, wie Engel sind? Blond sind sie und haben Flügel und dazu noch ein weißes Gewand. Da bin ich mir sicher!" fügt er hinzu. „Trotzdem!" pflichtet Patty bei. „Wenn man so heißt, dann muss man vielleicht doch etwas Engelhaftes an sich haben. Vielleicht ist sie ja so lieblich oder kann so schön singen?" vermutet sie. „Klar",

lacht Eduard. „Ich habe gestern gesehen, wie sie einen der Jungs auf dem Schulhof ganz schön fertiggemacht hat. Von lieblich war da keine Spur!"

„Angelina Martinez: das klingt doch schon von alleine nach Musik", schwärmt Patty. „Nach Harfe klingt es und nach Saitenspiel ..." „Es klingt ganz einfach spanisch, liebe Schwester. Einfach nur spanisch!" belehrt sie Eduard. „Und die Frage, ob es überhaupt Engel gibt, wäre ja auch noch zu klären", fügt Mara hinzu. „Vielleicht gab es sie nur früher. Vielleicht gibt es sie auch überhaupt nicht und die Menschen damals haben sich das alles nur eingebildet." Die drei Straxe schweigen. „Wisst ihr eigentlich, was mein Name bedeutet?" fragt Eduard nach einer Weile. Mara und Patty schütteln den Kopf. „Ich habe im Namensbuch nachgeschlagen. In Papas Arbeitszimmer steht eins im Bücherregal. Mein Name kommt aus Frankreich und heißt „Hüter des Eigentums!" Mara lacht. „Dann lass dich doch aus Stein meißeln und stell dich als Schutzengel eurer Villa in den Vorgarten!" „So ein Quatsch!" sagt Eduard. „Ihr seid richtig doof!" „Und gewiss keine Engel", lachen Patty und Mara.

Erzählhinweise
Eine Vorstellung der Straxe findet sich auf Seite 22

Hinweise zur Arbeit mit diesem Baustein
Ich verwende die kurze Erzählung einleitend. Je nach Alter der Kinder und Art der Gruppe teile ich dazu Arbeitsaufgaben aus. Die Kinder sollen in dem Text nach Hinweisen auf das Aussehen und die Aufgaben von Engeln suchen. Im Gespräch werden die „Fundstücke" zusammengetragen.

Engel aus Papprolle basteln
Kinder setzen ihre Vorstellungen von Engeln in eine Bastelarbeit um

So geht`s: Die Kinder können eigenständig mit den ausgelegten Materialien basteln. Der Korpus besteht dabei immer aus der Papprolle und wird nach der eigenen Vorstellung weiter ausgestaltet. Im Anschluss an die Bastelaktion werden die Engel in der Gruppe vorgestellt.

Alter: ab 6 Jahren
Material: Papprollen (Toilettenpapierrollen), Goldpapier., Krepppapier, Tonpapier in Silber und Gold, Stifte, Klebstoff, Farben und Pinsel
Hinweise zur Arbeit mit diesem Baustein
Die Engel können verwendet werden, um später biblische Erzählungen in Szenen nachzustellen oder nachzuspielen.

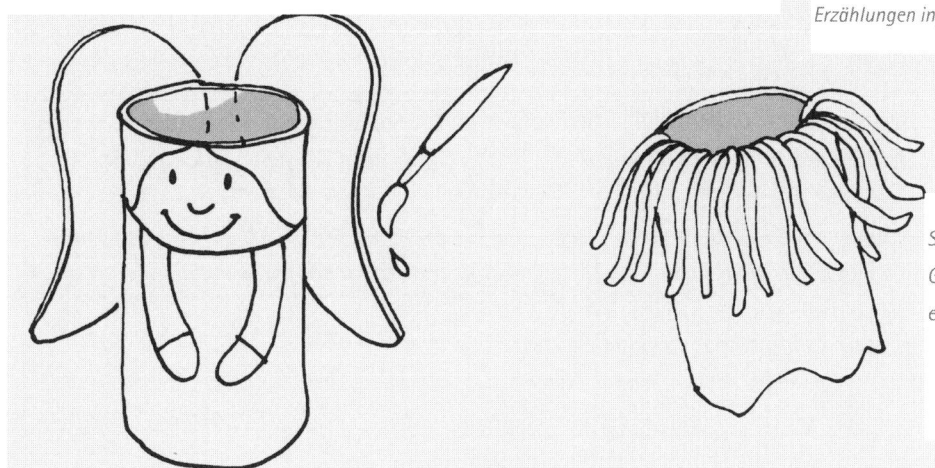

So kann man Engelshaar aus Goldfäden oder Papierstreifen einkleben.

Engel mit Zuckerkreide malen
Kinder bilden eigene Vorstellungen von Engeln ab

Alter: ab 5 Jahren
Material: schwarzes Tonpapier, weiße und gelbe Kreidestücke,
Zucker, Wasserschalen
Hinweise zur Arbeit mit diesem Baustein
Aus den Exponaten kann im Anschluss eine Bildergalerie im
Kirchenraum oder im Schulflur erstellt werden.

So geht's: Die Kreide wird am Vortag der Aktion in Zuckerwasser eingelegt. Mit der noch feuchten Kreide lässt sich nun auf dem schwarzen Tonpapier malen. Wenn die Kreide später getrocknet ist, leuchten die Farben besonders intensiv. Alternativ kann man auch Wachsmalfarben oder Ölpastellkreiden verwenden. Es kann ein Gespräch über die Bilder folgen.

Engelgalerie
Kinder setzen ihre Vorstellungen von Engeln kreativ um

Alter: ab 6 Jahren
Material: unterschiedlichste Bastelmaterialien, Scheren,
Stifte, Klebstoff etc.
Hinweise zur Arbeit mit diesem Baustein
Wenn man die Umsetzung der Vorstellungen nicht begrenzen
will auf eine Darstellungsform, bietet sich dieser Baustein an.

So geht's: Die Kinder wählen aus den ausgelegten Materialien die Werkstoffe, mit denen sie arbeiten wollen. Dann setzen sie ihre Vorstellung in eine Bastel- oder Malarbeit um. Mit den Exponaten wird eine Ausstellung realisiert.

Mein Engel
Anhand der kurzen Verse entdecken und entwickeln die Kinder eigene Vorstellungen

Alter: ab 6 Jahren
Hinweise zur Arbeit mit diesem Baustein
Es kann alternativ das einleitende Gedicht Verwendung finden.

So geht's: Den Kindern wird der Text vorgelesen oder sie bekommen den Text ausgehändigt. Im Anschluss wird über die beschriebene Vielfalt der Engelvorstellungen gesprochen und die eigene Vorstellung beschrieben.

Mein Engel ist riesig groß,
so schützt er mich famos.

Mein Engel ist ganz klein,
er passt in die Schultasche rein.

Mein Engel hat Flügel, ein Paar.
Er ist schnell da, ganz klar.

Mein Engel kann richtig gut singen.
Zur Ehre Gottes lässt er die Stimme klingen.

Mein Engel hat um den Kopf einen Kranz aus Licht.
Warum das so ist weiß ich auch nicht.

Mein Engel muss ein weißes Gewand tragen.
Warum, weiß ich nicht. Muss ich mal fragen!

Mein Engel wohnt auf Wolke Nummer Sieben.
Wie ist er bloß da hoch gestiegen?

Mein Engel hat viele Freunde im Himmel.
Da herrscht ein richtiges Engelgewimmel.

Mein Engel muss jeden Abend bei mir sein.
Ich schlafe nicht gerne alleine ein.

Mein Engel fliegt mit, wenn ich Fahrrad fahr´
und warnt mich vor jeder Unfallgefahr.

Mein Engel ist stärker als der stärkste Mann.
Er kommt sogar gegen den blöden Franz an.

Sara lacht

Abraham nickt leicht mit dem Kopf. Gerade noch hat er am Zelt eines der Seile erneuert und die Befestigung geprüft. Aus den Augenwinkeln hat er sie gesehen. Er wusste, dass sie eines Tages kommen würden. Seit Jahren hat er auf sie gewartet. „Sara!" ruft Abraham seine Frau. „Es ist soweit. Bereite ein festliches Abendessen zu. Backe aus feinstem Mehl bestes Brot. Weise den Knecht an, ein tadelloses Kalb zu schlachten und zu braten. Und stelle einen Krug von der frischen, süßen Milch bereit. Ich will die Gäste eigenhändig damit bewirten." Sie sind da. Drei Männer sind es, die zu Abraham ans Zelt treten. Wie gewöhnliche Männer sehen sie aus. Aber Abraham weiß es besser. Er wirft sich ihnen zu Füßen. Er weiß: Gott selbst hat diese Boten zu ihm gesandt. Und Gott selbst spricht durch sie. „Mein Herr", begrüßt Abraham deshalb die Engel in Gestalt von Männern. „Wenn ich Gnade vor euren Augen gefunden habe, dann geht nicht weiter. Ich selbst will euch mit allem versorgen, was ihr braucht. Ich werde Wasser holen, damit ihr euch die Füße waschen könnt. Von dem Fußweg sind sie staubig geworden. Macht es euch im Schatten der Bäume dort drüben bequem. Ich selbst werde euch auch eine Stärkung bringen und euch bei eurem Mahl bedienen. Dann könnt ihr euren Weg fortsetzen." „Es ist gut", antworten die Engel.

Abraham erinnert sich. Gott hat schon oft zu ihm gesprochen. Vor vielen Jahren hat Gott ihm versprochen, dass er der Vater vieler Völker werden wird. Abraham schüttelt traurig mit dem Kopf. Seine Frau Sara konnte keine Kinder bekommen. Inzwischen sind sie beide zu alt, um noch Kinder zeugen zu können. Abraham wischt mit der Hand über die Augen, um die Gedanken zu verscheuchen. Nun sind sie da, die Boten Gottes. Gott selbst ist durch sie zu ihm gekommen. Welche Nachricht sie wohl heute an ihn ausrichten? Noch einmal schenkt er frische Milch nach. Dann sind die drei Boten Gottes gesättigt. „Wo ist deine Frau Sara?" fragt einer von ihnen. „Drinnen im Zelt", antwortet Abraham. „Im nächsten Jahr wird Sara einen Sohn gebären!" sagt der Mann.

Sara lacht. Drinnen im Zelt hat sie gestanden und gelauscht. Leise hat sie gelacht. Aber Abraham hat es gehört. Und die Boten Gottes haben es auch gehört. „Hast du gelacht, Sara?" fragt einer der Boten. „Nein", lügt Sara. Aber alle haben es gehört. „Du glaubst uns wohl nicht?" fragt einer der Engel nach. „Aber ich sage dir, dass bei Gott kein Ding unmöglich ist." Dann machen sich die Boten Gottes wieder auf den Weg.

Abraham nickt leicht mit dem Kopf. Er wusste, dass es eines Tages so kommen würde. Nächstes Jahr wird er Vater werden.

Wer sind diese drei Gestalten? Und was wollen sie?

Erzählhinweise

Ich stelle die Erzählung in drei Szenen mit vorhandenen Figuren nach. Dies können Puppen, Stofftiere, Playmobilfiguren, Legofiguren o.ä. sein. Als erste Szene stelle ich Abraham am Zelt, Sara im Zelt und in der Ferne drei Männer. In der zweiten Szene setze ich die drei Boten Gottes zum Mahl hinein und lasse Abraham sie bedienen. In der dritten Szene lauscht Sara im Zelt.

Hinweise zur Arbeit mit diesem Baustein

Der biblische Ausgangstext berichtet davon, dass der Herr selbst zu Abraham zu Besuch kommt. Die Übertragungen und Nacherzählungen sowie die bildhaften Darstellungen berichten von und zeigen drei Boten Gottes, die Abraham besuchen. Ich löse mit den obigen Formulierungen „Gott selbst spricht durch sie" und „Gott selbst ist durch sie zu ihm gekommen" auf.

Botschaften übermitteln und Nachrichten senden: Spiele zum Thema

Engel treten als Boten Gottes auf – so begegnen sie vielen Menschen in den biblischen Geschichten. Gott schickt seine Boten immer dann, wenn es wichtige Nachrichten zu übermitteln gibt. In den folgenden Spielen soll es um das Thema Nachrichten übermitteln gehen und um die Schwierigkeiten, die sich damit verbinden.

Stille Post mit Bild
Der Klassiker unter den Gruppenspielen mal anders

Alter: ab 5 Jahren

Material: Nachrichtenzettel, Tapetenbahnen, Malstifte (Eddings)

Hinweise zur Arbeit mit diesem Baustein
Ich verwende dieses Spiel ganz am Anfang zur spielerischen Einführung in die Thematik. Die Kinder entdecken: Man muss gut zuhören und deutlich sprechen, um eine Nachricht reibungslos weiterzugeben.

So geht`s: Ich bilde zwei oder mehr Kleingruppen, die sich hintereinander aufstellen oder hinsetzen. In jeder Kleingruppe sollten sich mindestens sechs Kinder befinden. Die Nachrichten habe ich in mehrfacher Ausfertigung auf Zettel geschrieben. An der Wand habe ich mehrere Tapetenbahnen befestigt, auf die die Kinder malen können. Auf das Startsignal hin wird die Nachricht gelesen (eine Malanweisung) und auf die Reise geschickt. Das vorne in der Reihe befindliche Kind malt nach Erhalt der Nachricht das Bild auf die Tapete. Welches Bild gibt den Inhalt der Nachricht wieder? Die Kinder wechseln in den Kleingruppen durch, so dass jedes Kind malen kann.

Nachrichten:
Am Strand liegt eine Muschel im Sand.
Ein Vogel sitzt auf einem Dach neben dem Schornstein.
Ein Hund hat an einem Baum einen Knochen ausgegraben und hält ihn nun stolz im Maul.
Ein Auto hat an einer Eisdiele gehalten und der Fahrer kommt gerade mit zwei Eis im Hörnchen zurück.

Geschichten nacherzählen
Es ist gar nicht so leicht, sich die Details einer Geschichte zu merken.

Alter: ab 8 Jahren

Material: Ausgangsgeschichte, Zettel und Blätter Papier

Hinweise zur Arbeit mit diesem Baustein
Dem Alter der Kinder entsprechend kann die Länge der Geschichte angepasst werden.

So geht`s: Die Geschichte wird erzählt. Anschließend schreiben oder erzählen die Kinder die Geschichte nach. Wie viele Details werden behalten? Wie viele Momente werden verändert?

Geschichte:
Herr Werder wohnt in Bremen. Am liebsten geht er mit seinem Hund Eduard im Park mit dem Ententeich spazieren. Am frühen Abend nimmt Hund Eduard immer die braune Leine vom Haken ab und legt sie Herrn Werder vor die Füße. Dann zieht Herr Werder die karierten Pantoffeln aus und seinen grünen Mantel an. Je nachdem, ob es regnet, schneit oder die Sonne scheint, zieht Herr Werder dazu seine schwarzen Lederschuhe oder die gelben Gummistiefel an. Heute scheint die Sonne. Deshalb geht Herr Werder mit den schwarzen Schuhen nach draußen. Herr Werder und Eduard biegen in den Park ein. Eduard zieht wie wild an der braunen Leine. Da hinten hat er den weißen Pudel entdeckt, mit dem er gestern schon unter den Eichen gespielt hat. Herr Werder lässt Eduard von der Leine und

gesellt sich zu Frau Stieglitz. Sie führt ihren Pudel Anton jeden Tag in der Park. Auf einmal passiert es. Bei einer wilden Verfolgungsjagd ist Hund Eduard in den Teich gerutscht. Klatschnass klebt sein schwarzes Fell am Leib. Aber er schüttelt sich nur und läuft wieder hinter dem Pudel her. Später gehen Herr Werder und Hund Eduard nach Hause. Es ist Zeit, zu Abend zu essen.

Nachrichtenredaktion

Es ist schwer, in dem Stimmengewirr die eigene Nachricht heraus zu hören

So geht`s: Die Kinder bilden Paare. Einer der Partner sitzt mit den anderen zusammen an einem Tisch und ist zum Diktat bereit. Die entsprechenden Partner stellen sich gegenüber in einer kleinen Entfernung auf und diktieren auf Startzeichen die Nachricht. Das Paar, das die Nachricht am schnellsten weitergegeben und richtig aufgeschrieben hat, gewinnt.

Alter der Kinder: ab 8 Jahren
Material: Zeitungsartikel (Ausschnitt), Papier, Stifte
Hinweis zur Arbeit mit diesem Baustein
Die Kinder sollen erleben, dass es nicht leicht ist, im Stimmengewirr die Nachricht herauszuhören, die sich an sie richtet. Übertragungen sind im Anschluss möglich.

Übertragung

Ich sehe für die Übertragung folgende Anhaltspunkte: Nachrichten sind ein kostbares Gut. Leicht können die Inhalte verfälscht oder überhört werden. Gott sendet seine Engel als Boten, damit der Mensch die Botschaft Gottes garantiert bekommt und versteht. In dem Lärm des alltäglichen Lebens ist es oft nicht leicht, Nachrichten zu hören. Es ist gut, wenn der Mensch gelegentlich die Stille sucht, um die Stimme Gottes zu hören.

ENGELSKURIER
A K T U E L L

Gabriel reist nach Nazareth

Erzählhinweise:

Ich lasse ältere Kinder die Erzählung in Szenen nachstellen. Dabei werden die einzelnen Szenen nicht gespielt, sondern nur als Standbilder gestellt. Es eignen sich die Szenen „Gabriel erhält einen wichtigen Auftrag" und „Gabriel begegnet Maria". Es ist sinnvoll, die beiden Standbilder mit einigen Kindern kurz vorher einzuüben und während der Erzählung den anderen Zuhörenden zu präsentieren.

Hinweise zur Arbeit mit diesem Baustein

Der Engel Gabriel wird in der Erzählung zurückhaltend dargestellt. Die Kinder können sich über die Frage austauschen, was er wohl gedacht und wie er sich gefühlt hat, als er diese besondere Botschaft erhalten und weitergegeben hat. Dieses Nachdenken bleibt spekulativ, hilft aber den Kindern, der Thematik näher zu kommen.

Gabriel ist soweit. Der Auftrag ist klar. Gott hat ihn zu sich gerufen und ihm gesagt, dass der nächste Einsatzort Nazareth heißt. Nazareth ist eine kleine Stadt in Galiläa. Josef wohnt dort mit seiner Verlobten Maria. „Dort sollst du hingehen!" hat Gott gesagt. Gabriel hat gespannt zugehört. Dieser Auftrag ist ein besonderer Auftrag. Wenn Gott Gabriel schickt, muss schon eine außergewöhnliche Botschaft überbracht werden. Schließlich ist Gabriel nicht irgendein Engel. Er ist einer der Erzengel. Josef ist auch nicht irgendein Mann. Er ist einer aus dem Hause Davids. Der große König David ist ein Vorfahre von Josef.

Gabriel macht sich auf den Weg. Nun ist es also endlich soweit. Viele Menschenjahre lang warten die Menschen schon auf diesen Moment. Die, die an den Gott der Väter glauben, hoffen schon lange darauf, dass es endlich geschieht. Die Propheten haben es angekündigt. In der Bedrängnis durch die Feinde, in der langen Gefangenschaft im fremden Land und beim Zerfall des Königreiches haben sie es schon prophezeit: Ein Retter wird kommen. Einen Messias, einen König des Friedens wird Gott schicken. Nun ist es soweit.

Da hinten ist das Haus. Gabriel sieht es deutlich. Durch die geöffneten Fenster kann er Maria sehen. Nicht Josef ist der Empfänger der Botschaft Gottes. Maria ist diejenige, um die es geht. Gabriel betritt das Haus. „Ich grüße dich, Maria. Gott ist mit dir!" sagt er. Maria erschrickt. Gabriel wundert das nicht. Wer rechnet auch schon damit, dass ein Bote Gottes am helllichten Tag durch die Tür reinkommt? „Habe keine Angst!" beruhigt Gabriel Maria. „Ich habe eine Nachricht von Gott für dich. Du wirst schwanger werden und einen Sohn bekommen. Du sollst ihm den Namen Jesus geben. Dieser Sohn ist nicht irgendein Sohn. Er wird Sohn des Höchsten genannt werden und Gott wird ihn auf den Thron seines Vorfahren David setzen. Er wird der König für das ganze Volk sein und sein Reich wird kein Ende haben. Dein Sohn wird Gottes Sohn sein." Maria antwortet: „Es soll geschehen, wie du gesagt hast!"

Gabriel macht sich auf den Weg. Er hat seinen Auftrag erfüllt. Er hat die Botschaft von dem Kommen des Sohnes Gottes in die Welt ausgerichtet.

Fensterbilder
Kinder bilden eigene Vorstellungen von Engeln ab

So geht's: Die Vorlagen auf Tonpapier übertragen und ausschneiden. Kopf, Hände, Füße und Flügel zwischen den zwei Gewandteilen einkleben, Haare anbringen. Mit Nadel und Faden kann man die Engel wie im Bild aneinander befestigen und aufhängen.

Alter: ab 6 Jahren

Material: Tonpapiere, Pauspapier, Kleber, Stifte, Schere, Nadel und Faden.

Patty bastelt

Großer Auftritt am Nachthimmel

Benjamin wühlt hektisch in einem Stapel Notenblätter. Wenn er doch nur wüsste, wo dieses eine Notenblatt hingekommen ist. „Was suchst du?" fragt Sarah ihn. Benjamin erschrickt. Er hat gar nicht bemerkt, dass Sarah neben ihn getreten ist. „Die Noten vom großen Gloria", antwortet Benjamin und kramt weiter. Sarah lacht. „Das kannst du doch inzwischen auswendig. Schließlich singen wir es jeden Tag!" „Heute Nacht muss es aber besonders gut klappen!" sagt Benjamin und schaut Sarah an. „Du weißt, um was es geht." Sarah lächelt und nickt. Schließlich war sie bei der Sonderchorprobe auch dabei. Gabriel hat zuerst ganz geheimnisvoll getan. „Wir haben einen sehr besonderen Einsatz heute Nacht", hat er gesagt. „In der Nähe von Bethlehem am Nachthimmel über einem Feld. Den Hirten dort wird verkündet, dass Gottes Sohn geboren ist. Dann singen wir das Gloria in großer Besetzung." Benjamin ist seitdem schrecklich aufgeregt. Er ist noch nicht so lange ein Engel. Um im Engelschor singt er erst seit kurzem. Sarah hat ihm immer wieder gute Tipps gegeben und ihm geholfen. Gut, denkt Benjamin, dass sie heute Abend dabei ist.

Benjamin betrachtet sich noch einmal mit prüfendem Blick im Spiegel. Das Kleid leuchtet weiß glänzend, die Haare sind gekämmt und die Flügel geordnet. Die Noten hat Benjamin auch gefunden und zur Sicherheit in die Kleidtasche gesteckt. „Kommst du?" ruft Sarah zur Tür herein. Die anderen aus dem Engelschor sind schon auf dem Weg zur Sammelstelle. Benjamin beeilt sich. Er will auf keinen Fall diesen großen Auftritt am Nachthimmel von Bethlehem verpassen.

„Wage dich nicht soweit vor", mahnt Sarah und zieht Benjamin hinter die Wolke zurück. „Wir sind noch nicht dran!" „Aber ich wollte nur mal sehen, was da unten los ist", flüstert Benjamin. Auf einer großen Wiese, draußen vor den Toren der Stadt Bethlehem, haben sich die Hirten ein Nachtlager eingerichtet. Die Schafe sind auf einem eingezäunten Teil der Wiese sicher untergebracht. Einer der Hirten steht als Wache an dem Gatter. Die anderen haben Decken um das hell lodernde Feuer gebreitet und sich zur Ruhe gebettet. „Es ist soweit!" flüstert Sarah. Benjamin blinzelt hinter der Wolke hervor. Der dunkle Nachthimmel ist auf einmal hell erleuch-

tet, als der Engel mit der Botschaft hervortritt. Die Hirten erschrecken und verbergen ihre Augen hinter den Händen. Diesen Moment findet Benjamin blöd. Warum müssen die Menschen immer erschrecken, wenn ein Bote Gottes kommt? „Habt keine Angst", sagt der Engel. „Ich verkünde euch eine große Freude, die allen Menschen gilt. Heute ist in Bethlehem der Heiland geboren. Es ist Christus, der Herr. Ihr werdet ihn in einem Stall in Bethlehem finden." Sarah stößt Benjamin an. Mit den anderen Engeln aus dem Engelschor kommt Benjamin hinter der Wolke hervor. Hunderte sind es, Tausende sogar. Der ganze Nachthimmel ist voll von Engeln in glänzenden Gewändern. Benjamin holt tief Luft. Dann stimmt er in das Gloria ein:

„Ehre sei Gott in der Höhe und Friede auf Erden bei den Menschen, die Gott lieb hat!"

Benjamin ist sich sicher: So schön hat es noch nie geklungen.

Hinweise zur Arbeit mit diesem Baustein:
Es scheint in Mode gekommen zu sein, Geschichten von Engeln zu erzählen, die ebenso auch als Kuschelfiguren und Schmusepuppen Verwendung finden können. Die Geschichten in diesem Heft folgen diesem Trend nicht. Die hier erzählte Geschichte bildet dabei die Ausnahme. Die Figur des Benjamin wird allzu menschlich gezeichnet, und entspricht somit den Charakteristika eines Engels, wie er im biblischen Kontext nicht überliefert ist.

Hinweise für die Arbeit mit dem Bild auf der gegenüberliegenden Seite:
Die Vorlage wird mehrfach kopiert und an die Kinder ausgeteilt. Die Kinder malen nach eigener Vorstellung aus.

Engelweihnachtsschmuck

Aus Korken werden Engel für den Weihnachtsbaum.

So geht`s: Vom Korken eine Scheibe abschneiden (5mm). Das wird der Kopf, der hautfarben bemalt wird. Nun wird der Körper bemalt und schön verziert. Dazu steckt man den Korken auf einen Spieß, was die Arbeit erleichtert.

Jetzt spießt man den Kopf mit einer Stecknadel auf den Körper. An dem Nadelkopf kann die Kordel befestigt werden, an der der Engel aufgehängt wird.

Nun noch die Flügel aus Goldpapier ausschneiden, Bast oder Goldlametta für die Haare schneiden und ankleben.

Alter: ab 6 Jahren

Material: Korken, Schaschlikspieße, Goldpapier, schöne Kordel, Filzstifte, scharfes Messer (Vorsicht), Klebstoff, Acrylfarben (Hautfarbe und was sonst gewünscht wird) und Stecknadeln, Lametta oder Bast.

Weihnachtsspiel mit Engel I.

Pio rutscht unruhig auf seinem Stuhl hin und her. Jedesmal, wenn er in die Kirche kommt, stören ihn die unbequemen Bänke. Und wenn er aufgeregt ist, ist es besonders schlimm. Gestern Nachmittag hat Mara im Schreberschuppen von dem Krippenspiel erzählt. Pio hat nicht alles verstanden, wohl aber, dass die Kirchengemeinde in Rothang in diesem Jahr aus dem Krippenspiel eine große Sache machen will. Mit Musikgruppe, Theatergruppe, Kostüm- und Requisitengruppe. Sogar eine Tanzgruppe soll es geben. Jeden Sonntag Vormittag bis zum Heiligen Abend treffen sich die unterschiedlichen Gruppen und üben ihren Teil ein. Im Gottesdienst am Heiligen Abend soll das Stück dann zur Aufführung kommen. Und an den Weihnachtstagen stehen noch Auftritte in der Altenheimat Eichenforst und im Krankenhaus Marienstift an. Sogar die Zeitung wird kommen und einen Bericht schreiben. „Das wird ein dickes Ding!" hat Mara gesagt. Eduard und Patty waren sofort Feuer und Flamme. „Ich singe im Chor der Engel!" hat Patty geplant. „Ich spiele ein Klaviersolo", hat Eduard sich vorgenommen. „Ich werfe Tomaten und faule Eier auf die Bühne!" hat Tom gesagt. Pio will unbedingt in der Theatergruppe mitmachen. Aber es sind so viele Kinder hier.

„Schön, dass ihr alle da seid!" begrüßt Frau Reichelt die Kinder. „Viele von euch kennen mich schon. Ich bin die Frau von Pfarrer Reichelt." „Und Maras Mama", kräht Pio. „Richtig!" lacht Frau Reichelt. „Ich werde die Musikgruppe übernehmen!" „Und ich mache mit euch Theater", sagt Pfarrer Reichelt. „Ich! Ich!" ruft Pio und streckt den Arm in die Höhe. „Gleich, Pio", schmunzelt Pfarrer Reichelt. „Wir teilen gleich die Gruppen ein. Jeder kann sich eine Gruppe wählen, in der er mitmachen will." Viele der Kinder wollen in der Musikgruppe und der Tanzgruppe mitmachen. Und die Kostüm- und Requisitengruppe ist auch schon in einen anderen Raum gegangen. Trotzdem sind noch immer viele Kinder für die Theatergruppe zurück geblieben. „Die Gruppe für die Tomatenschmeißer gibt es ja gar nicht", raunt Tom seinem Bruder Pio zu. „Was?" fragt Pio zurück. „Ich mache den Josef!" sagt ein Junge. „Mist!" flucht Pio leise. Er wollte eigentlich den Josef machen. Und weil Tom ihn mit den Tomatenschmeißern ganz durcheinander gebracht hat, hat er gar nicht mitbekommen,

dass die Rolle gerade vergeben wird. Mara meldet sich für die Rolle der Maria. Und Tom wird einer der Wirte in Bethlehem. Pio schmollt. Wer will schon ein Wirt oder ein Hirte auf dem Feld sein? Der Josef wäre super gewesen. Bestimmt hätte ein Bild von ihm in der Zeitung gestanden. „Hat jemand noch keine Rolle?" fragt Pfarrer Reichelt. Pio meldet sich. „Hm", runzelt Pfarrer Reichelt die Stirn. „Was machen wir denn mit dir?" „Er kann ein Schaf spielen!" ruft Tom. „Wir haben sogar ein Schaffell als Bettvorleger zuhause." Die anderen Kinder kichern. „Ich habe noch eine ganz besondere Rolle für dich", sagt Pfarrer Reichelt. „Wir brauchen noch einen Engel, der den Hirten auf dem Feld die gute Nachricht verkündet." Pio nickt. Diese Rolle findet er super. Aber was macht so ein Engel? Und wie sieht er aus? Pio beschließt, zuhause seine Mutter zu fragen.

Erzählhinweise:

Ich erzähle den ersten Teil der Geschichte ohne weitere Hilfsmittel. Sollte die Figurengruppe Die Straxe noch nicht bekannt sein, stelle ich sie den Kindern anhand der Einführung auf Seite 22 zunächst vor.

Hinweise zur Arbeit mit diesem Baustein

Ich arbeite mit den Kindern die abschließenden Fragen in der Geschichte auf. Dazu verwende ich den Baustein „Engel mit Zuckerkreide malen" oder lasse sie einen Engel gestalten. Dazu lege ich unterschiedliche Requisiten aus, unterschiedliche Stoffe (auch weiße und goldene Stoffe), Pappen (gold und weiß), Wollreste (als Haare) und Utensilien zum Basteln. Die Kinder haben die Aufgabe, in kleinen Gruppen ein Kind zu einem Engel zu gestalten. Die Engel werden präsentiert. Über die unterschiedlichen Vorstellungen kann gesprochen werden.

Mara, 11 J.

Pio, 8 J.

Tom, 12 J.

Eduard und Patrizia, 10 J.

Die Straxe sind eine Gruppe von Kindern im Alter zwischen 8 und 12 Jahren. In den Heften der Reihe „Religion praktisch" tauchen sie in den Geschichten und kreativen Ideen immer wieder auf und lassen sich als Mittlerfiguren zu den Kindern verwenden. Die Straxe werden so zu Stellvertretenden der Kinder und erleichtern den Zugang zum Thema.

Die ungleichen Brüder **Tom** und **Pio Burow**, die **Zwillinge Eduard und Patrizia von Kahlen**, **Mara Reichelt** und die **Ziege Frau Maier** wohnen in Rothang, einem Stadtteil einer deutschen Großstadt. In der alten Arbeitersiedlung nahe dem verlassenen Werksgelände wohnen Tom (12 Jahre) und Pio (8 Jahre) alleine mit ihrer Mutter. Allerdings halten sich beide viel lieber in der Gartenlaube im Schrebergarten an der **Professor-Strax-Strasse** auf. Dort wohnt auch die Ziege Frau Maier. Tom ist der ungekürte Anführer der Straxe und gibt gerne den Ton an. Pio hat die Gabe, die richtigen Fragen zur falschen Zeit zu stellen. Eduard und Patrizia (10 Jahre) wohnen in der Neubausiedlung hinter den Schrebergärten. Am liebsten halten sie sich jedoch im Schrebergarten der Burows auf. Eduard beschafft alle nötigen Informationen aus dem Internet, auch wenn vieles davon total überflüssig ist. Patty hat die besten Ideen, wenn es um kreative Fragestellungen geht. Mara wohnt im alten Ortskern von Rothang. Als nachdenkliche 11-Jährige verschafft sie der Gruppe den notwendigen Tiefgang. In und um Rothang erleben die Straxe stellvertretend die Geschichten, die zum Thema passen.

PROFESSOREN-SIEDLUNG

Tennisclub

Schreber-gärten

Bus

Kirche

Professor-Strax-Straße

Lessingstraße

WERK

Bus

Bäcker Krebber

Hans-Damaschke-Ring

Schlachthof

Geheimweg

FLUSS →

ROTHANG

ALTES WERKSGELÄNDE

Frau Maier, die Ziege

Weihnachtsspiel mit Engel II.

Pio trampelt aufgeregt von einem Fuß auf den anderen. Gleich ist es soweit. In den letzten vier Wochen haben die Kinder in der Kirchengemeinde in Rothang das Krippenspiel eingeübt und geprobt. Pio fasst auf seinen Kopf und prüft, ob die blonde Perücke richtig sitzt. Pios Mutter hat noch einige Lamettafäden hineingeknotet, damit das Engelshaar blitzt und blinkt. Aus goldfarbenem Stoff hat Pios Mutter ein langes Gewand genäht. „Hilfst du mir mal", stößt Pio seinen Bruder Tom an. Das Flügelpaar aus weißer Pappe lässt sich nur schwer alleine anlegen. „Das stimmt alles nicht!" grummelt Tom vor sich hin und rückt seine Schürze zurecht. „Was ist?" fragt Mara nach. „Das mit den Wirten", grummelt Tom weiter. Mara nimmt die Babypuppe auf den Arm. „Wo ist mein Josef?" ruft sie. „Eine Minute!" ruft Pfarrer Reichelt leise. Die Kirche ist bis auf den letzten Platz besetzt. Tom spuckt auf den Bühnenvorhang. „Was soll das?" will Frau Reichelt wissen. „Das macht man so!" behauptet Tom. „Wenn überhaupt, dann spuckt man nach der Generalprobe auf das Kostüm!" sagt Frau Reichelt und verdreht die Augen. Die Generalprobe hat vorne und hinten nicht geklappt.

Der Vorhang öffnet sich. „Es begab sich aber zu der Zeit ...", liest die Sprecherin. „Wo ist der Esel!" fragt Mara leise. Frau Reichelt blickt sich hektisch um. „Lars? Wo bist du?" Der Junge kommt aus der hintersten Ecke hervor. „Was hast du denn da an?" fragt Frau Reichelt entsetzt. „Das Eselskostüm ist nicht mehr rechtzeitig trocken geworden", stammelt Lars und zupft an seinem Tigerfell. „Meine Mutter hat gemeint, es ginge auch so. Das haben wir noch vom letzten Karneval dagehabt" Die Zuschauer lachen, als Maria auf dem Tiger reitend die Bühne betritt. Sonst klappt die erste Szene sehr gut. Nach dem Vorhang werden die Häuserfassaden von Bethlehem gestellt. Die Wirte nehmen ihren Platz ein. „Als sie aber nach Bethlehem kamen, war kein Platz mehr in der Herberge frei", liest die Sprecherin. An der ersten Tür werden Maria und Josef glatt abgewiesen. Dann öffnet Tom seine Herbergstür. „Hast du ein Bett für uns?" fragt Maria und zeigt auf das Kissen unter ihrem Kleid. Tom schweigt. „Nein, ich bin ausgebucht!" flüstert Frau Reichelt Tom zu. „Ich weiß!" sagt Tom. Maria und Josef blicken verunsichert zu Frau Reichelt, die hinter dem Bühnenvorhang steht. „Aber ich bin nicht so einer!" sagt Tom. „Das gibt es doch gar nicht, dass für eine schwangere Frau kein Platz mehr da ist. Da muss man doch Platz schaffen. Ich will die beiden nicht abweisen. Ich will sagen: `Ihr könnt meinetwegen mein Bett haben.`" Im Publikum wird gemurmelt. „Also, Publikum", sagt Tom und wendet sich an die Menschen in der Kirche. „Ich

Pio hat den Text vergessen.

muss die beiden Menschen wegschicken. Aber eigentlich bin ich nicht so einer." Dann streift Tom seine Schürze ab und verlässt die Bühne. Das Gemurmel im Publikum wird lauter. „Vorhang", flüstert Frau Reichelt, als Maria und Josef gerade vom dritten Wirt fortgeschickt werden. „Jetzt muss die Hirtenszene aber klappen!" sagt Frau Reichelt.

Pio zieht noch einmal seine Perücke zurecht. Wie war doch noch sein Text? Irgendwas mit Verkündigen. Ach ja, jetzt fällt es ihm wieder ein. Patty und Eduard nehmen mit dem Engelschor

ihren Platz ein. Die Hirten gruppieren sich ums gemalte Feuer. Der Vorhang geht auf. Pio kann kaum schlucken, so trocken ist sein Mund. Die Hirten beklagen sich lauthals über die Kälte der Nacht und über die Einsamkeit hier draußen vor der Stadt. Frau Reichelt gibt das Signal. In den abgedunkelten Bühnenraum hinein strahlt der helle Scheinwerfer auf und leuchtet Pio an, der leise hinter dem Vorhang hervorgetreten ist. Pio schluckt. Dann breitet er die Arme aus und ruft den Hirten zu: „Heute kündige ich ...!"

Pio stockt, als einige im Publikum kichern. Er wirft sich noch einmal in Pose. „Ich kündige also heute...!" Das Lachen im Publikum breitet sich aus. Pio schaut irritiert hinter sich, wo Frau Reichelt gestikuliert. Weil das Lachen inzwischen laut geworden ist, kann er nicht verstehen, was sie flüstert. Irgendwas muss mit dem Text nicht richtig sein. Pio geht noch einmal im Kopf den Text durch. Das Publikum klatscht inzwischen aufmunternd Beifall. Dann fällt es Pio ein. Er stellt sich noch einmal in Pose. In der Kirche wird es ganz still. „Heute verkündige ich eine frohe Botschaft! Euch allen ist der Heiland geboren. Es ist Christus, der Herr, der in der Stadt Davids in die Welt gekommen ist!" Pio steht noch einen Moment still da. Ein Blitzlicht durchschneidet den Raum. Dann gibt es Szenenapplaus und der Engelschor singt das Gloria.

In der Zeitung steht am nächsten Wochentag ein Artikel mit der Überschrift:

Heilig Abend in der Kirchengemeinde – Die Nacht, in der Wirt und Engel kündigten.

Erzählhinweise

Ich erzähle ohne weitere Hilfsmittel. Es ist sinnvoll, die beiden Teile der Geschichte im Zusammenhang zu erzählen. Wird mit zeitlichem Abstand erzählt, muss kurz auf den ersten Teil der Geschichte Bezug genommen werden.

Hinweise zur Arbeit mit diesem Baustein

Die Geschichte bietet mehrer Anhaltspunkte, um in einem Gespräch weiterzuarbeiten. Sowohl über den Vorfall mit Tom als auch über Pios Versprecher kann geredet werden. Mit den beiden Teilen der Geschichte kann eine gute Verknüpfung der Thematik Engel und dem Weihnachtsfest geleistet werden.

Engel: Schutz und Begleitung

Schutzengel haben in der Vorstellung der Kinder einen festen Platz. Der zweite Schritt in diesem Heft widmet sich den Engeln als Schutzengel. Kinder haben ein Gespür dafür, dass sie angewiesen sind auf Schutz und Begleitung, der/die nicht von ihren Eltern, Freunden oder sonstigen Begleitern zu leisten ist. Sie ahnen, dass es eine Begleitung geben muss, die das menschlich Machbare übersteigt. Die Gestalt eines Schutzengels, die ihnen aus unterschiedlichen Quellen übermittelt wird, füllt diesen Platz aus und wird von den Kindern gerne aufgegriffen. Er wird damit zur Person, welche die höhere Macht im Leben der Kinder verkörpert. Dieser Glaube an Schutzengel vermittelt das Gefühl, trotz aller Unwägbarkeiten beschützt und begleitet zu sein. Die bildhaften Vorstellungen, die Kinder entwickeln, hängen eng zusammen mit den angebotenen Bildern, die in Werbung, Kitsch und Kunst und nicht zuletzt in Filmen angeboten werden. Ältere Kinder legen diese kindliche und zuweilen intime Beziehung zu einem Schutzengel nicht selten ab. Die Geschichten und Gestaltungsbausteine dieses Schrittes wollen Kinder dazu ermutigen, ihre Vorstellungen zu äußern. Sie machen deutlich, dass es durchaus möglich ist, an Engel zu glauben, die schützen und begleiten. Nicht zuletzt soll in den Gestaltungselementen durchscheinen, dass es Gott ist, der auch mittels seiner Engel den Kindern ein Lebensbegleiter sein will.

Bitte an Sofie, meinen Schutzengel

Liebe Sofie, ich bitte dich,
steh abends neben meinem Bett.
Wenn es im Zimmer dunkel ist,
habe ich ohne dich Angst.

Liebe Sofie, ich bitte dich,
fliege schneller als ich mit dem Rad fahren kann.
Wenn die Autos so rasen,
habe ich Angst überfahren zu werden.

Liebe Sofie, ich bitte dich,
sitze neben mir in der Schule.
Wenn der blöde Franz grinst,
habe ich Angst, dass er gemein zu mir wird.

Liebe Sofie, ich bitte dich,
schau du auch nach Mieze, meiner Katze.
Wenn sie nachts streunen geht,
kommt sie sonst nicht mehr nach Hause.

Liebe Sofie, ich bitte dich,
lass mich nie im Stich.
Wenn du bei mir bist,
fühle ich mich gut.

Sarah, 9 Jahre

Hinweise zur Arbeit mit diesem Baustein

Ich lese mit den Kindern die Bitte an Sofie. Ich überlege mit den Kindern, ob ein Schutzengel Sofie heißen kann und ob Sofie für all die Dinge, um die Sarah bittet, zuständig ist. Dann gebe ich den Kindern die Möglichkeit, eigene Bitten zu formulieren.

Pios Schutzengel

„Mensch, Pio! Pass doch auf, du Blödmann!" Tom springt von seinem Stuhl am Frühstückstisch auf. Die Milch aus der Kanne, die Pio umgestoßen hat, läuft über den Tisch und tropft an Toms Seite auf den Küchenboden. Auf Toms Hose ist ein großer, nasser Fleck. „Was ist denn los mit dir?" fragt Pios Mutter. Pio zuckt mit den Schultern. Aber irgendwas ist komisch heute. Beim Aufstehen ist er auf seinen Stachelball getreten und im Bad ist er beinahe in der Duschwanne ausgerutscht. Und geträumt hat er auch. Pio runzelt die Stirn. Er kann sich einfach nicht daran erinnern, was er geträumt hat. „Jetzt muss ich mir extra eine neue Hose anziehen", motzt Tom und rennt nach drüben. „Tisch?" denkt Pio und schüttelt sofort den Kopf. Mit einem Tisch hatte sein Traum nichts zu tun. „Beeil dich!" mahnt Pios Mutter. „Der Bus wartet nicht auf dich." Pio zuckt zusammen. Bus! Ein Bus ist in seinem Traum vorgekommen. „Komm jetzt!" ruft Tom von der Treppe. „Oder willst du zur Bushaltestelle rennen, du Blödmann?" „Du sollst deinen Bruder nicht immer Blödmann nennen!" regt sich Pios Mutter auf. „Aber wenn er doch einer ist?" antwortet Tom. Pio stopft sich den letzten Bissen Brot in den Mund, greift nach seinem Rucksack und rennt hinter Tom her. Zur Bushaltestelle sind es ein paar hundert Meter. „Bus", denkt Pio. Irgendwas war mit dem Bus in seinem Traum. Und es war unangenehm. Pio erinnert sich, dass er vom Rütteln und Schütteln geträumt hat. Eine unruhige Busfahrt. Pio wird immer schlecht, wenn es im Auto oder im Bus auf und ab geht. „Was ist los?" will Tom wissen. „Mir ist schlecht!" sagt Pio und bleibt stehen. Tom stellt seinen Rucksack auf den Boden und stemmt die Hände in die Seite. Er holt tief Luft. Pio zieht den Kopf ein. Wenn Tom die Hände in die Seite stemmt und tief Luft holt, folgt meistens ein Donnerwetter. „Du siehst blass aus!" sagt Tom. „Schaffst du es noch bis zur Bushaltestelle?" Pio schaut an seinem Bruder vorbei. Die drei Sitzplätze sind frei. Der Bus um Halb ist wohl vor wenigen Minuten abgefahren. Der nächste kommt um Viertel vor. Noch sind keine anderen Kinder da. „Mal sehen", murmelt Pio. „Pio!" Pios Mutter kommt über den Bürgersteig hinter den beiden Brüdern hergelaufen. „Du hast deine Jacke vergessen!" ruft sie und hält Pio die blaue Daunenjacke entgegen. „Ist dir gar nicht kalt?" fragt sie kopfschüttelnd. „Doch", sagt Pio. „Im Bauch ist mir kalt!" „Du wirst mir doch nicht krank?" vermutet Pios Mutter. Pio schüttelt den Kopf. „Es geht schon!" sagt er und trottet auf die Bushaltestelle zu.

Plötzlich tönt direkt neben Pio ein lautes Hupen. Pio springt entsetzt zur Seite. Ein Schulbus kracht den Bordstein hoch, überfährt den Papierkorb und das Haltestellenschild und knallt in den Unterstand. Die Glasscheiben bersten. Tausende Glassplitter prasseln auf den Boden. Die Seite des Unterstands knickt ein und knallt auf den Gehweg. Der Papierkorb landet scheppernd im Vorgarten hinter der Haltestelle. Einer der Sitze, der aus der Verankerung gerissen worden ist, kreiselt noch auf dem Gehweg und rutscht bis vor Pios Füße. Dann ist es für einen Moment ganz still.

„Mein Gott!" schreit Pios Mutter und hetzt die paar Schritte zu Pio hin. „Ist dir was passiert?" Pio schüttelt den Kopf. Die Tür des Busses öffnet sich und der Busfahrer steigt aus. Pio sieht, dass es nicht der richtige Schulbus ist, sondern ein Fahrschulbus. Hinter dem Fahrer steigt der Fahrlehrer aus dem Fahrzeug. Sonst ist niemand in dem Bus gewesen. „Da hätten wir gesessen", sagt Tom leise. Er stößt den kaputten Sitz auf dem Gehweg mit dem Fuß an. „Da hätten wir gesessen!" sagt er lauter.

„Ist jemandem was passiert?" fragt der Fahrlehrer laut. „Sie hätten beinahe meine Söhne überfahren", schreit Pios Mutter den Fahrer des Busses an, der kreidebleich auf dem Gehweg steht. In der Ferne ist ein Martinshorn zu hören. Irgendjemand hat wohl die Polizei gerufen.

„Ihr habt einen guten Schutzengel gehabt!" sagt der Fahrlehrer.

Schutz und Begleitung – Spiele zum Thema

Die Spiele zu diesem Teil des Themas Engel stellen Erfahrungen mit dem Begleitet sein oder dem Schutz erleben spielerisch in den Vordergrund. Die Spiele können dazu verwendet werden, in diesen Teil der Thematik einzuführen. Auf die spielerischen Erlebnisse kann im Verlauf der Entfaltung des Themas zurückgegriffen werden.

Zweierfangen verkehrt
Kinder erleben: Begleitung bietet Schutz

So geht's: Ein Kind macht den Fänger, die anderen Kinder suchen sich einen Partner. So bewegen sie sich durch den Raum. Ruft der Fänger „Partnersuche", müssen sich die Paare lösen und jeweils einen anderen Partner suchen. Der Fänger kann nun versuchen, unter den einzeln umherlaufenden Kindern einen eigenen Partner zu finden. Das überzählige Kind wird zum neuen Fänger.

Kinder erleben: Begleitung bietet Schutz

Alter: ab 5 Jahre

Hinweise zur Arbeit mit diesem Baustein
Ich spiele dieses Bewegungsspiel im Freien, damit genug Bewegungsraum zur Verfügung steht.

Doppelbaum
Kinder erleben: Zu zweit ist man sicher

So geht's: Ein Kind ist der Fänger, ein Kind ist der Gejagte. Die anderen Kinder bilden Paare und stellen sich jeweils hintereinander im Spielfeld verteilt auf. Der Fänger versucht, das eine Kind zu fangen. Wird dieses müde, stellt es sich hinten an eine Zweiergruppe an. Das vordere Kind der Gruppe wird nun zum Fänger und versucht, das Kind, das bis dahin Fänger war, zu kriegen. Wird ein Kind tatsächlich gefangen, wechseln die Rollen zwischen Fänger und Gejagtem.

Alter: ab 5 Jahre

Hinweise zur Arbeit mit diesem Baustein
Das Spiel kann gut in kleinen Gruppen gespielt werden. In grßeren Gruppen bietet sich die vorherige Kleingruppenbildung an.

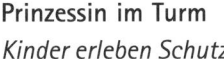

Prinzessin im Turm
Kinder erleben Schutz

So geht's: Die Kinder bilden Gruppen zu je vier Kindern. Ein Kind wird zur Prinzessin, ein anderes zum Räuber. Die übrigen zwei Kinder werden zu Türmen. Die zwei Türme und die Prinzessin fassen sich an die Hand. Nun versucht der Räuber, die Prinzessin abzuschlagen. Das Dreieck aus Türmen und Prinzessin dreht sich so, dass die beiden Türme den Räuber an seinem Vorhaben hindern.
Ruft der Spielleiter „Räuberfang", wird aus dem Dreieck blitzschnell eine Fangkette, die den Räuber jagt.

Alter: ab 8 Jahre

Hinweise zur Arbeit mit diesem Baustein
Dieses Spiel ist körperbetont. Es ist darauf zu achten, dass nicht brutal agiert wird.

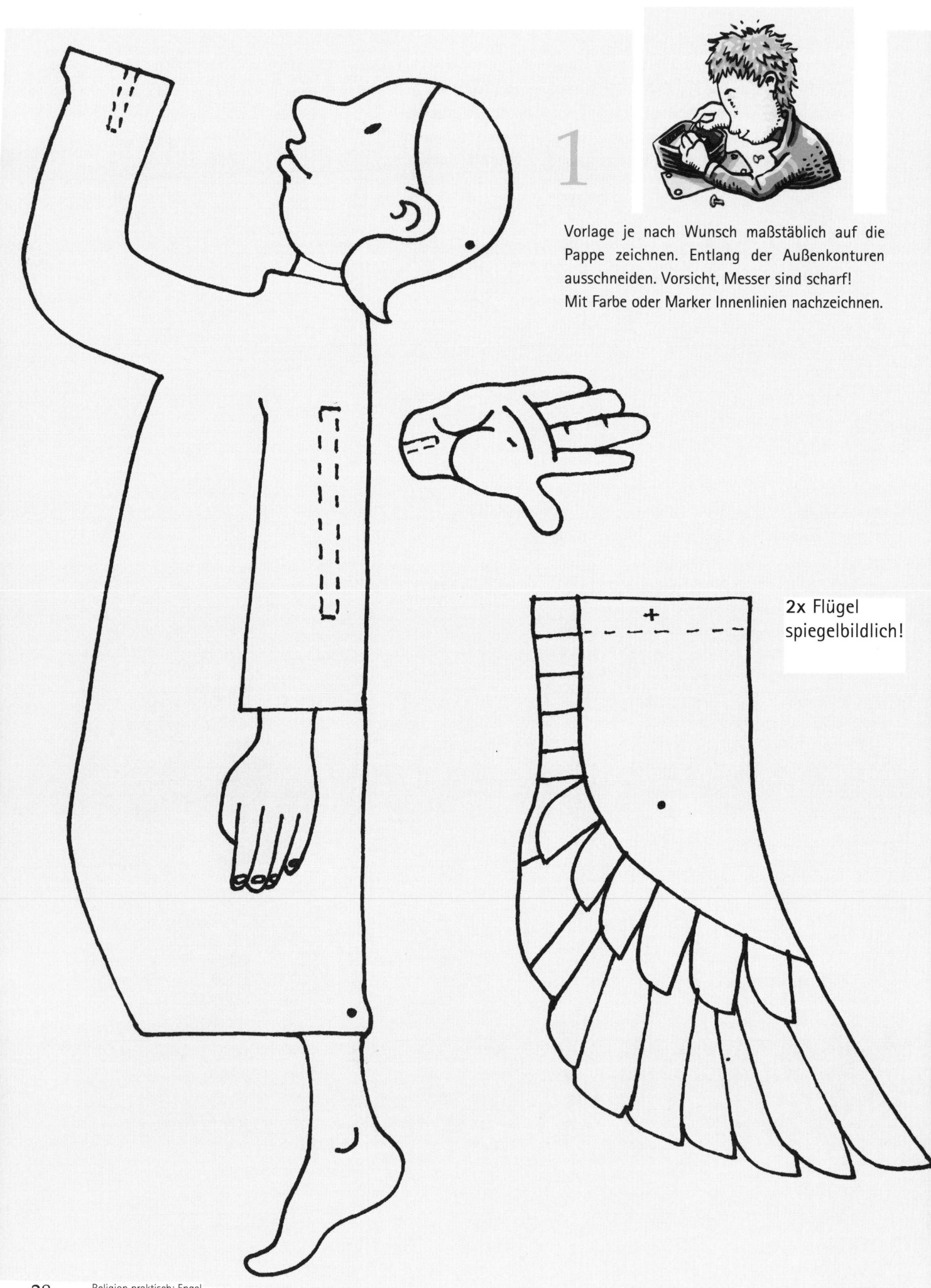

1

Vorlage je nach Wunsch maßstäblich auf die Pappe zeichnen. Entlang der Außenkonturen ausschneiden. Vorsicht, Messer sind scharf! Mit Farbe oder Marker Innenlinien nachzeichnen.

2x Flügel spiegelbildlich!

Schutzengel gemeinsam bauen

Gebastelt werden soll eine Engelsfigur, die segnend unter der Zimmerdecke, über Betten oder im Gruppensaal aufgehängt werden kann. Besonders schöne Exemplare eignen sich vielleicht sogar für den Kirchenraum. Dieses Element lässt sich im Umfang stark variieren.

Mit nebenstehender Schablone lassen sich sowohl Engel im Maßstab 1:1 wie auch wesentlich größere bauen. Dazu muss die Schablone vergrössert auf das Baumaterial (stärkere Wellpappe) übertragen werden. Möglich sind Längen um die **120** bis **150 cm**.

Die gestalteten Schutzengel können über dem Bett oder im Kindergottesdienstraum oder im Klassenzimmer aufgehängt werden. Die Innen- oder Außenseite der Flügel kann mit einer biblischen Zusage beschriftet werden; so zum Beispiel aus Psalm 91,11.

Alter: ab 6 Jahren

Material: Große Wellpappe von Verpackungen, Messer, Schere, Faden, Briefzwecken, Farben (Dispersionsfarben), Pinsel, Marker, Klebeband. Gegebenenfalls bunte Papiere, Klebstoff, Lametta, etc.

Tipp: Je nach Gruppengröße sind auch mehrere Engel möglich. Lediglich das Schneiden der Pappen sollte gut beaufsichtigt sein.

2 Jetzt werden die Einzelteile bemalt. Welche Farbe hat ein Engelsgewand? Weiss? Bunt gestreift? Mit lila Tupfen? Wer kunstvoll arbeitet, schattiert die Gewandfalten, oder benutzt Lametta für die Haare. Der Phantasie sind keine Grenzen gesetzt.

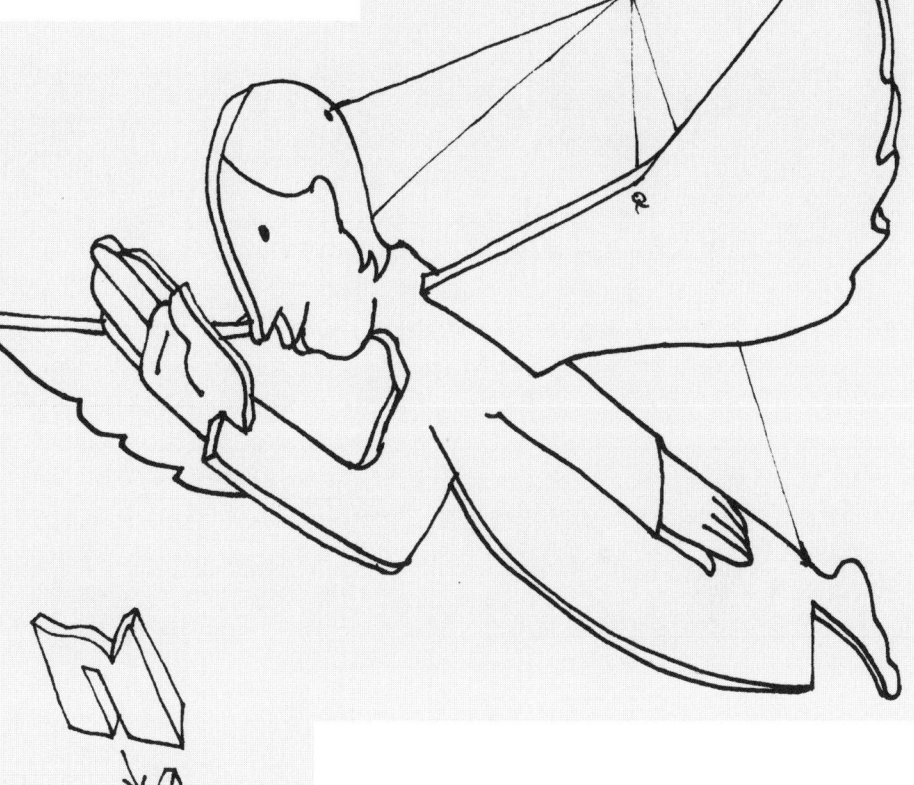

So sehen 90 Grad Steckverbindungen aus.

Flügelwurzeln etwas überlappen lassen.
Schlitz im Korpus der Flügeldicke anpassen.

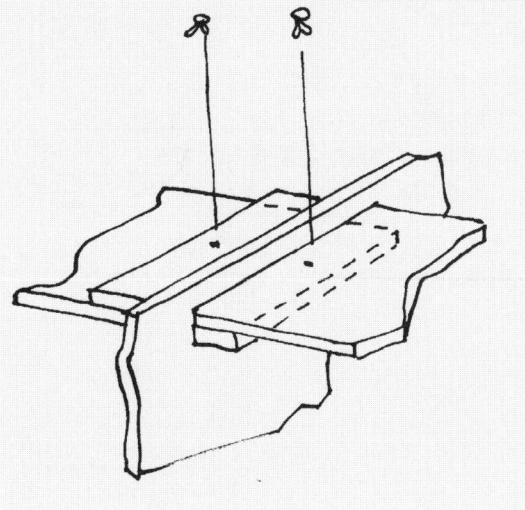

3 Auf die hier gezeigte Weise lassen sich Flügel und Hand befestigen. Wenn die Schlitze etwas schmaler ausfallen, sitzen die Teile etwas strammer und stabiler. Mit Briefzwecken oder Klebeband hält es noch besser. Nun kann der Engel mit Faden aufgehängt werden. Schwerpunkt beachten!

Sollte die Pappe bei grossen Engeln durchhängen, kann man durch zusätzliche Aufhängungspunkte die Konstruktion entlasten, oder man verstärkt sie mit schmalen Leisten.

Alter der Kinder: ab 8 Jahren

Spielidee: In kurzen Episoden aus dem Tagesablauf der Geschwister Eduard und Patty sollen die Kinder entdecken, dass Gottes Engel Anteil an ihrem alltäglichen Geschehen haben können. Die Episoden weisen unterschiedliche „Lösungsmöglichkeiten" auf und können so im Gespräch mit den Kindern erarbeitet und besprochen werden.

Hinweise zur Arbeit mit diesem Baustein:

Dieses Gestaltungselement lebt vom Erzählen und gemeinsamen Nachdenken. Ausgangspunkt für die Auseinandersetzung mit dem Thema Engel und der Begegnung mit Engeln im Alltag sind fünf verschiedene Erzählsequenzen. Jeder der Sequenzen leitet ein Dilemma ein, das mit drei verschiedenen Optionen aufgelöst werden kann. Zunächst wird das Dilemma geschildert, im Anschluss daran werden die drei Optionen vorgestellt. Gemeinsam mit den Kindern wird nun überlegt, welche der Optionen das Dilemma beheben soll. Die Kinder können aufgefordert werden, von eigenen Erlebnissen zu berichten. Je nach Konzentration der Gruppe können mehrere Sequenzen erarbeitet werden.

Engel begleiten Patty und Eduard am Dienstag
Kinder entdecken Engel im alltäglichen Geschehen

So geht`s: Die Situationsbeschreibungen werden gelesen und den Kindern mit den Implikationen deutlich gemacht. Dann werden die Möglichkeiten für den Fortgang des Geschehens vorgestellt. Im Gespräch klären die Kinder, welche Lösung von ihnen bevorzugt wird, und in wieweit eine schützende Instanz daran teilhaben kann.

Zeitpunkt: Dienstag, 7.00 Uhr

Patty reckt sich. Gerade ist sie aufgewacht. Nebenan geht auch Eduards Wecker los. Nun aber schnell ins Badezimmer, sonst besetzt Eduard es wieder stundenlang. Patty stößt die Zimmertüre auf und läuft den Flur entlang. Weil es noch dämmrig ist, sieht sie nicht, dass direkt vor der Treppe die Spielkugel von Kater Max liegt.

1 Der Schutzengel von Patty jagt in die Küche und stößt Kater Max an. Der Kater wacht auf und rennt die Treppe hoch, um zu Patty ins Bett zu springen, so wie er es jeden Morgen macht. Dabei entdeckt er seine Spielkugel. Kurz bevor Patty darauf treten kann, rollt Kater Max die Kugel fort.

2 Eduard wacht auf und reckt sich. Er hört, wie Pattys Tür geht. Schnell springt er aus dem Bett, öffnet die Zimmertür und stürmt auf den Flur. Dabei stößt er seine Schwester an. Patty tritt deshalb neben die Spielkugel und ist trotzdem als Erste im Badezimmer.

3 Patty tritt aus vollem Lauf auf die Spielkugel. Sie verliert das Gleichgewicht und stürzt auf den Boden. Mit dem Knie schlägt sie gegen den Treppenpfosten. Sie schreit laut auf, so weh tut es. Oma kommt aus der Küche nach oben. Sie kühlt das Knie und legt einen Verband an. Oma kann sowas.

Zeitpunkt: Dienstag, 8.33 Uhr

Eduard und Patty verlassen pünktlich das Haus. Sie müssen erst zur zweiten Stunde in der Schule sein. Zur gleichen Zeit steigt Herr Grosbeck in seinen Lieferwagen, mit dem er Getränke ausliefert. Seit ein paar Tagen ist ihm schwindelig zumute. Sein Weg führt ihn auch über den Zebrastreifen, den die Kinder überqueren müssen.

1 Frau Grosbeck sieht, wie ihr Mann auf dem Weg zum Lieferwagen taumelt. Sie eilt ihm hinterher. Sie bewegt ihn dazu, heute nicht selber zu fahren, sondern dem Aushilfsfahrer die Tour zu überlassen. Patty und Eduard überqueren die Straße, ohne dass ein Auto in ihre Nähe kommt.

2 Herr Grosbeck fährt los. Ein Engel stellt die Ampel an der Kreuzung so, dass der Lieferwagen halten muss. Patty und Eduard betreten den Zebrastreifen und gehen über die Straße. Jetzt wird Herrn Grosbeck schwindelig. Aber er steht ja an der Ampel und kann die Kontrolle über den Wagen nicht verlieren.

3 Ein Engel sorgt dafür, dass der Motor nicht anspringt. Bis der Fehler gefunden ist, sind die Zwillinge längst in der Schule.

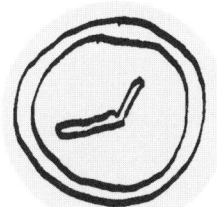

Zeitpunkt: Dienstag, 13.42 Uhr

Der doofe Franz und seine fiesen Kumpel ducken sich hinter die Hecke. Heute haben sie es auf Eduard abgesehen. Bestimmt hat er Taschengeld dabei. Das will Franz haben. Patty hat schon eine Stunde früher ausgehabt. Franz stößt seine Kumpel an. Da hinten kommt Eduard.

1 Franz und seine Kumpel springen vor Eduard auf die Straße. „Gib dein Geld her, du Idiot!" schreit Franz. Eduard hat große Angst. Er kramt seine 10 Euro aus dem Rucksack und gibt sie Franz. „Danke", sagt Franz und grinst gehässig. Dann schubst er ihn in die Hecke und rennt mit seinen Kumpeln davon.

2 Franz und seine Kumpel springen vor Eduard auf die Straße. „Gib dein Geld her, du Idiot!" schreit Franz. Auf einmal kommt ein größerer Junge hinter der Hecke her. Eduard hat ihn noch nie hier gesehen. „Lass Eduard in Ruhe!" sagt er zu Franz. Franz dreht sich um. Zuerst sieht es so aus, als wolle er auf den fremden Jungen losstürmen. Dann aber dreht er um und rennt mit seinen Kumpeln davon! Eduard schaut hinterher. „Wer bist du?" will er wissen. Aber der Junge ist auf einmal verschwunden.

3 Franz und seine Kumpel springen vor Eduard auf die Straße. Franz stolpert dabei und knickt um, als er auf den Boden fällt. Er schreit laut auf. Seine Kumpel stehen um ihn herum. „Tut es sehr weh?" fragt einer von ihnen. Keiner achtet mehr auf Eduard. Er schleicht an den Jungen vorbei und rennt nach Hause.

Zeitpunkt: Dienstag, 17.16 Uhr

Die Zwillinge gehen einkaufen. Butter ist aus und Brot muss auch noch besorgt werden. Oma hat ihnen Geld gegeben. Als Eduard und Patty aus dem Laden kommen, steht eine alte Frau auf dem Gehweg und betrachtet ihren Einkaufswagen. Ein Rad ist abgebrochen und liegt auf der Straße. Die Zwillinge gehen auf die alte Frau zu.

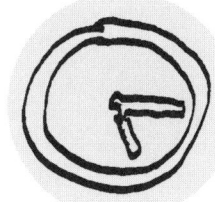

1 .Bevor sie die alte Frau erreichen, stürmt Frau Zitterle, die Filialleiterin, aus dem Geschäft. „Frau Fredemann, Frau Fredemann! Ist ihnen ein Malheur passiert?" fragt sie. Die alte Frau nickt. „Das Rad ist abgebrochen. Wie soll ich denn nun meine Einkäufe nach Hause schaffen?" sagt sie. Frau Zitterle winkt dem Jungen, der gerade die leeren Warenkisten zerkleinert und in den Mülleimer stampft. „Unser Philipp wird Ihnen gerne den Einkauf nach Hause tragen, nicht wahr?" sagt Frau Zitterle. Philipp lächelt gequält und nickt. Dann macht er sich mit Frau Fredemann auf den Weg.

2 „Brauchen Sie Hilfe?" fragt Patty die alte Frau. „Das ist aber nett, dass ihr mir helfen wollt!" sagt die alte Dame. „Aber ich habe schon meinen Sohn angerufen. Der kommt gleich mit dem Auto und bringt mich mitsamt meinem Einkauf nach Hause." Sie nickt Eduard und Patty freundlich zu und schaut wieder auf die Straße.

3 „Können wir Ihnen helfen?" fragt Patty freundlich. Die alte Dame blickt auf. „Euch schickt der Himmel, Kinder", sagt sie. „Könnt ihr mir helfen, den Einkauf nach Hause zu schaffen?" Die Zwillinge nicken. Gemeinsam tragen sie den Einkaufswagen wenige Straßen weiter zu dem Haus, in dem die alte Frau wohnt. „Fredemann" steht auf dem Klingelschild. „Das bin ich", sagt die alte Frau und lächelt. Als sie den Einkaufswagen in der Küche abgestellt haben, sagt Frau Fredemann: „Wartet mal eben!" Sie geht in ein Nebenzimmer und kommt mit einer Tafel Schokolade wieder. „Für meine beiden Engel", sagt sie und lacht dabei.

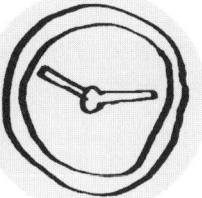

Zeitpunkt: Dienstag, 22.15 Uhr

Patty ist von einem Geräusch draußen am Fenster wach geworden. Unheimlich hat es sich angehört. Da! Da ist das Geräusch schon wieder. Patty zieht sich die Bettdecke bis zum Kinn hoch. Was soll sie bloß machen?

1 Sie steigt aus dem Bett und geht ans Fenster. Vorsichtig lugt sie unter der Gardine hinaus. Bei dem heftigen Wind ist die Mülltonne von Nachbar Rettig auf den Gartenzaun gefallen. Der Deckel steht halb offen und klappt bei jedem Windstoß mit einem lauten Klappern auf und zu. Patty kriecht schnell wieder unter ihre warme Decke und löscht das Licht.

2 Patty erinnert sich daran, dass Frau Reichelt im Kindergottesdienst von den Engeln erzählt hat, die nachts am Bett Wache halten. Sie blickt nach rechts und nach links. Sie kann keinen Engel sehen. Patty betet: „Gott, schick deine Engel, damit sie mich beschützen und ich keine Angst haben muss." Dann dreht sie sich auf die Seite und schläft wenig später ein.

3 Patty holt tief Luft und schreit laut nach Eduard. Sie hört, wie er nebenan aus dem Bett poltert. Dann öffnet er ihre Zimmertür. „Was ist los?" fragt er verschlafen. „Das Geräusch!" sagt Patty „Ich habe nichts gehört", sagt Eduard. „Darf ich trotzdem bei dir auf der Hüpf-Matratze schlafen?" fragt Patty. „Klar!" sagt ihr Bruder und hilft ihr dabei, ihre Decke rüber zu tragen.

Engel: Himmlische Menschen

Der dritte Schritt in diesem Werkheft „dreht den Spieß um". Hier geht es nicht um himmlische Boten oder Schutzengel, die den Menschen gegenüber oder an die Seite treten, sondern es geht um Menschen, die anderen Menschen einen „himmlischen Dienst" erweisen und somit in „engelsgleicher Funktion" auftreten. Die Kinder entdecken in den Geschichten und Gestaltungsbausteinen, dass sie selbst einem anderen „zum Engel werden" können. Hier ist viel Platz für Aktionen, die gerade in der Weihnachtszeit, aber auch zum neuen Jahr, Freude schenken und Mut machen.

Engel Eduard im Einsatz

Eduard steht im begehbaren Kleiderschrank, den er und seine Zwillingsschwester Patrizia sich teilen, und starrt wütend auf das lange, weiße Gewand. Eigentlich wollte er seinen Ski-Anzug suchen. Übermorgen soll es nämlich zum Silvesterurlaub nach Garmisch gehen. Dann ist ihm das Gewand wieder ins Auge gefallen. Blödes Ding! Aber Maras Mutter wollte, dass alle Sänger im Engelschor ein weißes Gewand tragen. Dabei wollte Eduard nur ein Klavierstück im Weihnachtsgottesdienst spielen und war deshalb zum Kindergottesdienst gegangen, in dem das Krippenspiel in unterschiedlichen Gruppen vorbereitet wurde. Und dann war er im Chor gelandet. „Soloauftritte gibt es nicht!" hatte Frau Reichelt gesagt. Wenn bloß das Gewand nicht gewesen wäre. „Na, mein Engel!" hatte seine Mutter nach dem Gottesdienst gesagt und ihm in die Wange gezwickt. „Patrizia der Bengel und du der Engel", hatte sein Vater festgestellt. „Ab heute nennen wir dich Erzengel Eduard!" Und Frau Sendenlaub, die Leiterin des Kindergartens, war auf ihn zugekommen und hatte gesäuselt: „Nein, Eduard, mein Lieber, was bist du doch für ein goldiges Engelchen! Diese blonden Haare und dieses glänzende Kleidchen! Nur die Wangen sind ein wenig blass." Und dann hatte sie ihn gebeten, zu Ostern im Kindergarten den Engel am Grab zu spielen. „Aber bitte mit dem Kleidchen! Und es stünde dem Engelchen gut, wenn du die Haare länger wachsen lassen würdest. Hattest du eigentlich als Bub Löckchen?" Eduard reißt das Gewand vom Bügel und knüllt es in die hinterste Ecke. Sogar in der Schule hatte er sich verspotten lassen müssen. Und die anderen Straxe hatten beim Treffen im Schreberschuppen nachgeschaut, ob ihm schon Flügel gewachsen waren. Natürlich nicht! Wenn er doch bloß nie als Engel im Engelschor gesungen hätte!

Eduard schiebt sein Fahrrad aus der Garage. Immer, wenn er wütend ist, rast er mit seinem Fahrrad durch die Gegend. Wenn niemand in der Nähe ist, tritt er gerne aus voller Fahrt gegen die Mülltonnen. Die knallen immer so schön auf die Straße. Und wenn sie richtig herum fallen, klatscht der Deckel auf und der Müll fliegt auf den Gehweg. Eduard tritt in die Pedale. Da hinten steht schon eine Mülltonne. Eduard tritt mit Wucht dagegen. Mit Getöse knallt die Mülltonne um und die vollen Müllbeutel fliegen herum. Eduard kichert und gibt richtig Gas. Da hinten stehen sogar zwei. Eduard will gerade mit dem Fuß ausholen und mit Wucht davor treten, als er die Einkaufstasche sieht, die hinter den Tonnen liegt. Sie ist umgefallen. Eduard bremst ab. Eine Apfelsine ist sogar bis auf die Straße gerollt. Eduard kommt an den Mülltonnen zum Stehen. Dann sieht er es. Hinter den Mülltonnen, hinter der Hecke zur Hofeinfahrt, liegt jemand auf dem Boden. Eduards Herz schlägt auf einmal bis zum Hals. Wer das wohl ist? „Hallo?" fragt Eduard und steigt vom Rad. Die Gestalt am Boden bewegt sich und dreht mühsam den Kopf. Eine alte Frau ist es. Ein Gehstock liegt neben ihr. Und aus der Tasche sind Joghurtbecher gefallen und aufgeplatzt. Eduard beugt sich zu der alten Frau hinunter: „Hallo?" „Dich schickt der Himmel!" sagt die Frau. „Seit einer Stunde liege ich hier und kann nicht alleine aufstehen." „Ist Ihnen etwas passiert?" fragt Eduard. „Ich glaube nicht", antwortet die Frau. „Soll ich Hilfe holen?" fragt

Eduard. „Gib mir erst mal deine Hand und hilf mir, damit ich mich aufrichten kann", bittet die Frau. Als Eduard der Bitte nachkommt und am Arm zieht, stöhnt die Frau laut auf. „Meine Hüfte tut weh!" klagt sie. „Ich rufe den Krankenwagen!" sagt Eduard. „Ich habe mein Handy dabei." Wie gut, dass neulich die Polizei in der Schule war und in der Aula alle über das richti-

Eduard ruft den Krankenwagen

ge Verhalten in Notfällen informiert hat. Eduard wartet mit der alten Frau, bis der Krankenwagen eintrifft.

Eduard dreht aufgeregt den Blumenstrauß in der Hand und blickt auf die Zimmernummern. Der Flur im Krankenhaus will und will kein Ende nehmen. An der Rezeption hatten sie gesagt, die Frau, die mit dem Krankenwagen eingeliefert worden ist, läge auf Zimmer 234. Hier ist erst Nummer 216. „Geh doch ins Krankenhaus und besuche sie!" hatte Eduards Mutter gesagt, als er gestern Abend von dem Erlebnis erzählt hatte. „Und bring ihr ein paar Blumen mit!" hatte sein Vater empfohlen und ihm 20 Euro zugesteckt. „Hier ist 224", bemerkt Patty. Alleine hatte Eduard sich nicht getraut. Seine Schwester war gerne bereit gewesen, ihn zu begleiten. „234", sagt Patty. Eduard holt tief Luft und öffnet die Zimmertür. Hinten links liegt sie, die alte Frau. Sie hat die Augen geschlossen. „Hallo!" sagt Eduard und tritt an ihr Bett. Die Frau schlägt die Augen auf und blickt Eduard an. Es dauert einen Moment, dann lächelt sie. „Da ist ja mein Engel!" sagt sie leise. Patty kichert. Aber das macht Eduard gar nichts aus. „Ich heiße Eduard", sagt er und hält ihr den Blumenstrauß entgegen. „Und ich heiße Edeltraut", sagt die alte Frau und lacht sogar.

Erzählhinweise

Ich erzähle ohne weitere Hilfsmittel.

Hinweise zur Arbeit mit diesem Baustein

An die Geschichte kann sich die Frage anschließen, ob die Kinder ähnliche Erlebnisse gemacht haben. Im Kreis wird ausgetauscht.

Guter Gott, verleih mir Flügel

Guter Gott, verleih mir Flügel
damit ich schnell zu meinem Freund komme
wenn er mit seinem Fahrrad eine Panne hat

Guter Gott, verleih mir Flügel
damit ich meinen kleinen Bruder trösten kann
wenn er schlecht geträumt hat

Guter Gott, verleih mir Flügel
damit ich meine Freundin beschützen kann
wenn sie von den großen Mädchen bedroht wird

Michael, 9 Jahre und Tanja, 11 Jahre

Alter: beliebig

Material: weißer, silberner, goldener Karton, Scheren, Kleber, Stifte

Hinweise zur Arbeit mit diesem Baustein

Diese Aktion kann einen größeren Umfang einnehmen. Sie ist nicht als Gegenbewegung zu den Sternsingern zu verstehen, wohl aber als Alternative.

Ein Engel für das Jahr

Aktion zum Beginn des neuen Jahres: Gute Wünsche werden mit einem gebastelten Engel verbunden und verschenkt

Aus dem Karton wird ein Engel nach Vorlage gefertigt. Auf die Flügel wird der Vers aus Psalm 91, 11 geschrieben. Nun wird der Engel so gefaltet, dass die Flügel nach vorne zusammenklappen und den Vers verbergen.

Die Kinder basteln eine größere Anzahl dieser Engel für das neue Jahr und überlegen, wem sie diese Engel überbringen könnten. In der Nachbarschaft, im Krankenhaus, im Altenheim, nach dem Gottesdienst oder an anderen Orten und zu anderen Gelegenheiten übergeben die Kinder den Engel und singen dazu ein Lied.

Vers für die Flügel

Gott hat seinen Engeln befohlen, dich zu beschützen, wohin du auch gehst.
Psalm 91,11

Drehscheibe basteln

Die Kinder entdecken gemeinsam, welche Möglichkeiten sie haben, anderen Menschen zum Engel zu werden.

So geht's: Arbeit in einer Gruppe: Die eine Pappscheibe wird in unterschiedliche Kuchenstücke unterteilt. Die Kinder tauschen (im Anschluss an die erzählte Geschichte, z. B. Seite 32) über die eigenen Erfahrungen aus und denken sich Möglichkeiten aus, wie sie anderen Menschen zum Engel werden können. Diese Vorstellungen werden in die einzelnen Tortenstücke gemalt. Der zweite Pappkreis wird über den bemalten ersten Pappkreis gelegt. Aus dem zweiten Pappkreis wird ein Tortenstück ausgeschnitten. Mit einer Briefklammer wird der zweite Pappkreis auf dem ersten befestigt. Die Drehscheibe wird nun aufgehängt.

Arbeit in Kleingruppen: Die Gestaltung verläuft nach obiger Vorlage. Allerdings wird die dritte Pappe in Tortenstücke zerschnitten. Die Kleingruppen gestalten jeweils ein Tortenstück der Pappe individuell. In der großen Gruppe werden die Ergebnisse vorgestellt. Dann werden die Tortenstücke auf eine der Pappen geklebt. Nun wird nach obiger Vorgabe eine Drehscheibe erstellt.

Die weitere Verwendungsmöglichkeit der Drehscheibe ist vielfältig. Auf die gemalten Situationen kann immer wieder (entdeckend durch den Dreh) zurückgegriffen werden. Im Verlaufe eines Jahres, der Adventszeit oder zum Jahresbeginn können Aktionen umgesetzt werden. Einzelne Kleingruppen (mit älteren Kindern) können beauftragt werden, Ideen von der Drehscheibe in die Tat umzusetzen. Es kann in der Schule eine Projektarbeit zum Thema „Engel für andere sein" aus diesen Ideen erwachsen.

Alter: ab 6 Jahren (mit Vermittlung und Begleitung)

Material: Pappkarton, Malstifte, Scheren

Vorbereitung: Aus dem Pappkarton werden drei möglichst große Kreise ausgeschnitten, die gleich groß sind. Der eine Kreis wird in Tortenstücke in Anzahl der möglichen Kleingruppen zerschnitten (wenn Kleingruppenarbeit geplant ist).

Hinweise zur Arbeit mit diesem Baustein

Der Baustein lässt sich in kleinen und großen Gruppen interaktiv verwenden. An die Gestaltung lassen sich vielfältige Gesprächsmöglichkeiten anschließen.

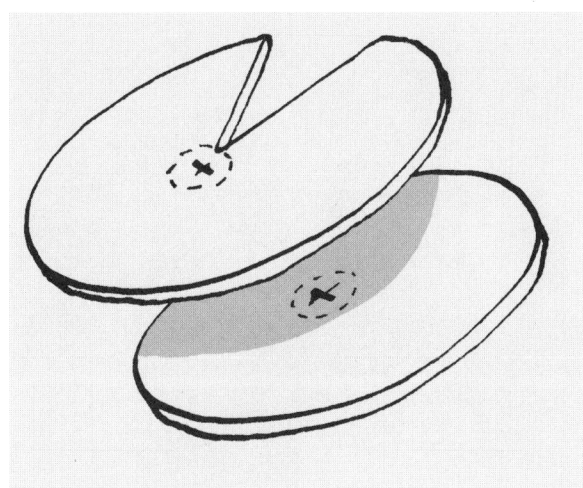

Engel-Streichholzschachtel
Kindern werden anderen Menschen zum Lichterengel

So geht's: Die Streichholzschachtel wird auf der einen Seite mit einem dunklen Stück Filz beklebt. Aus dem weißen Filz schneiden die Kinder einen einfachen Engel aus (Kopf und Kleid); aus dem gelben Filz werden entsprechende Flügel geschnitten. Aus den einzelnen Filzstücken wird der Engel nun auf das dunkle Filzstück geklebt. Dabei ist sparsam Klebstoff zu verwenden, weil sich sonst dunkle Flecken bilden.
Wer möchte, kann die andere Seite der Streichholzschachtel mit einem Stück Papier bekleben und darauf einen Bibelvers schreiben.

Umsetzung
Es bietet sich an, mit den gebastelten Schachteln und schönen Kerzen (die sich auch mit Engel-Motiven bekleben lassen) auf Besuchstour zu gehen. Nach einigen Liedern wird die Kerze mitsamt der Streichholzschachtel überreicht.

Alter: ab 5 Jahren

Material: Streichholzschachteln, weißer, gelber und blauer Filz, Schere, Klebstoff, Kerzen

Hinweis zur Arbeit mit diesem Baustein

Dieses Bastelelement kann in der Aktion Drehscheibe basteln Verwendung finden.

Alter: ab 5 Jahren

Material: Silberner und goldener Karton, farbiger Karton, Scheren, Stifte, Kleber, Bast oder Lametta, fester Draht, weißes Garn.

Hinweise zur Arbeit mit diesem Baustein

Dieses Mobile kann als einfacher Zimmerschmuck gebastelt werden. Eine Ausweitung der Bastelaktion mit thematischen Inhalten zum Jahresbeginn ist aber durchaus denkbar.

Engel-Mobile

Kinder basteln ein Mobile aus Engeln, das im Zimmer aufgehängt werden kann.

Die Engel für das Mobile lassen sich in zwei Varianten herstellen.

Aufrechter Engel

1. Der Kopf, die Hände und die Beine werden von der kopierten Vorlage auf die farbige Pappe übertragen und ausgeschnitten. Das Kleid wird aus goldenem, die Flügel in zweifacher Ausfertigung aus silbernem Pappkarton ausgeschnitten.
2. Die einzelne Bauteile aus Pappe werden nach Vorlage (siehe Bild) zusammengeklebt.
3. Aus den Bastfäden oder dem Lametta wird ein Haarbüschel zusammengefasst und am Kopfstück befestigt.

Von diesen Engeln können mehrere hergestellt werden.

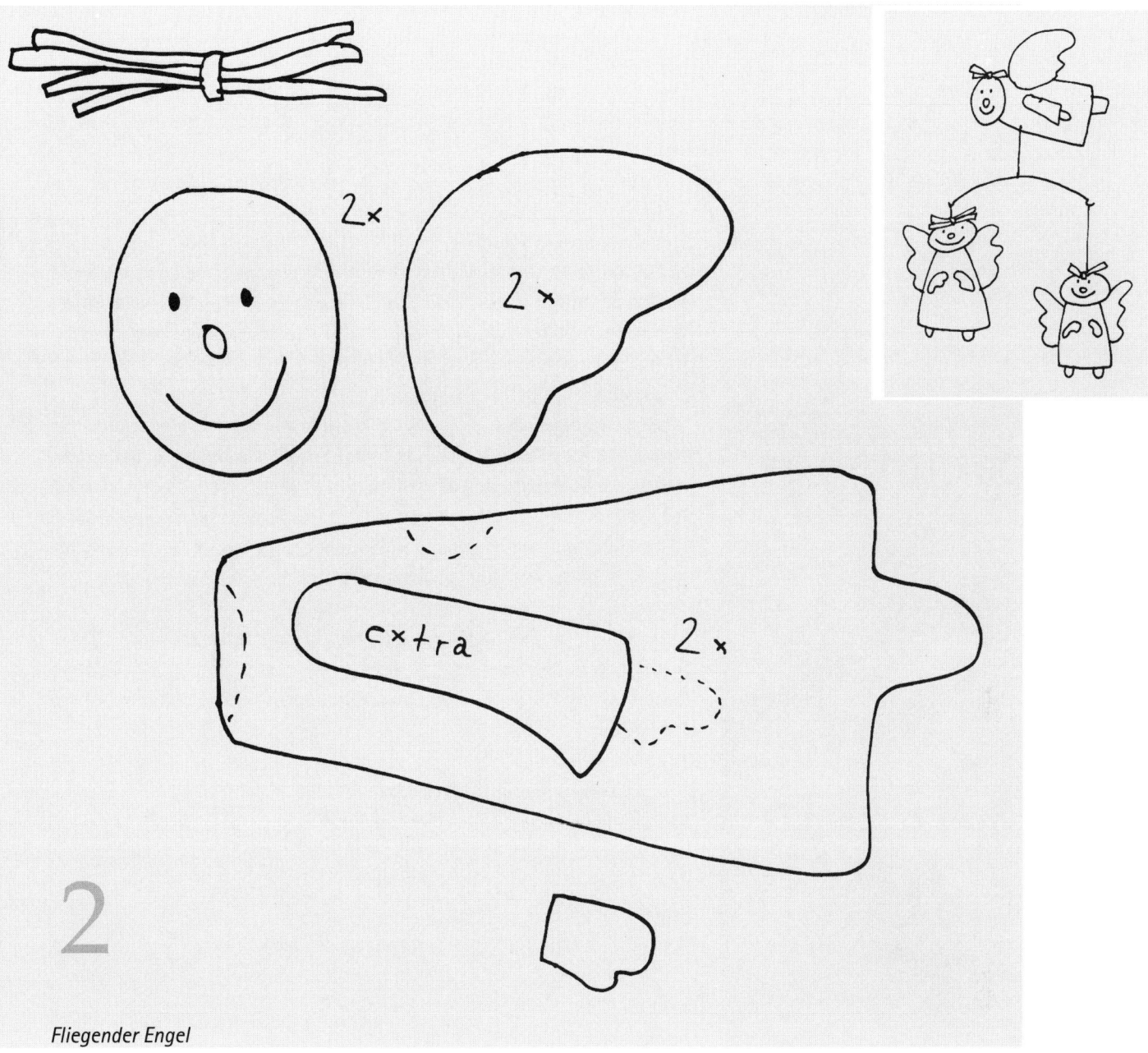

Fliegender Engel

1. Der Kopf, der Flügel, der Arm und die Hand werden nach Vorlage jeweils zweimal ausgeschnitten. Dazu wird die farbige Pappe verwendet. Aus der silbernen oder goldenen Pappe wird der Korpus einmal ausgeschnitten.
2. Aus den einzelnen Pappteilen wird der Engel laut Vorlage zusammengeklebt. Ein kleines Bündel Bast oder Lametta wird als Haar aufgeklebt. Er kann von beiden Seiten betrachtet werden.

Zusätzliche Hinweise zur Arbeit mit diesem Baustein

Mit Hilfe der Engel kann das Thema „Neues Jahr" gestaltet werden. Auf den Körper der einzelnen Engel können Wünsche für das Neue Jahr geschrieben werden, die mit Gottes Schutz und Begleitung durch seine Engel zu tun haben. Der obere Engel (fliegend) kann mit Gottes Zusage aus Psalm 91,11 beschriftet werden.

3

Aus dem festen Draht werden Bügel für das Mobile gebogen. Diese Bügel können auch im Bastelgeschäft gekauft werden. Mit dem weißen Faden werden die Engel nun nach Vorlage oder nach beliebiger Anordnung zu einem Mobile zusammengesetzt und in Balance gebracht.

Engel sind um dich

Denn er hat seinen Engeln befohlen,

dass sie dich behüten (bewahren) auf allen deinen Wegen,

dass sie dich auf den Händen tragen

und du deinen Fuß nicht an einen Stein stoßest.

Psalm 91, 11+12

Vorbemerkung

Die Kinder sitzen in einem (Stuhl-)kreis. Die Mitte ist nicht gestaltet. Die einzelnen Bausteine können individuell angepasst werden an den Zeitrahmen, die Gruppengröße und das Alter der Teilnehmenden.

Alter: ab 5 Jahren

Material: Gymnastikreifen

Hinweise zur Arbeit mit diesem Baustein

Die Intensität der Reifenbewegung kann variiert werden. Von der schnellen Bewegung des Reifens kann zur ruhigeren und bedächtigeren übergeleitet werden.

Der Psalm 91 ist angefüllt mit Bildern, die Gottes Schutz, Geborgenheit und Ermutigung zum Ausdruck bringen. Gottes Engel begegnen als Boten den Menschen meist leise und unauffällig, und sie tragen den Willen Gottes in sich. Der Schutzengel begleitet den Menschen auf seinem Weg. Er behütet und bewahrt zum Heil der Menschen. Das ist Gottes schützende Gegenwart.

Das vorliegende Bodenbild stellt die Verse 11 und 12 in den Mittelpunkt. Es nimmt das Bedürfnis des Menschen nach Schutz und Geborgenheit auf. So werden die Teilnehmer, gegebenenfalls mit geschlossenen Augen, auf ihrem Weg von anderen „Engeln" unerkannt begleitet. Sie bewahren vor falschen Schritten. Es müssen eben nicht Männer mit Flügeln sein. Auch die Hände spielen bei dieser Gestaltung – fast unmerklich – eine Rolle, sie tragen durch das Leben.

Der Beitrag nimmt Ideen der religionspädagogischen Praxis (RPP) auf. Dieser Weg besteht aus Bausteinen, die zum Text hinführen. Der Text des Psalms 91,11-12 wird über eine Handlungs- und Erlebnisebene den Teilnehmern nahe gebracht.

Zusammenkommen und Eröffnung

Begrüßung und Lied
Der Engel
(MKL 2, Nr. 48)
Engel haben viele Gesichter
(Amen. Lieder für Kinder und Jugendliche, Nr. 48)

Ring im Kreis

Kinder werden in einen Kreis eingebunden

So geht's: Nach der Begrüßung und einem Lied kommt ein Gymnastikreifen in den Umlauf. Ein Mitarbeiter rollt diesen von Hand zu Hand zu seinem Nachbarn, der den Reifen aufnimmt und weiter rollt, so dass alle im Stuhlkreis diesen Reifen mit den eigenen Händen berühren. Je nachdem wie viel Zeit für die Gruppe zur Verfügung steht, kann der Reifen zur weiteren Sammlung über den Kopf gehalten und an Nachbarn weitergereicht werden. Schließlich wird ein Kind aufgefordert, mit einem anderen Kind oder mit drei weiteren Kindern zusammen den Reifen in die Mitte des Stuhlkreises zu legen. Liegt der Reifen nicht genau in der Mitte, so richten alle ihren Stuhl entsprechend aus.

Gebet

Gott, in einem Kreis haben wir uns versammelt.

Wir danken dir, Gott, dass du uns auf allen unseren Wegen begleitest und bei uns bist.

Sei du mitten unter uns heute, morgen und alle Tage.

Amen.

Bodengestaltung: Begegnung mit dem Text Psalm 91,11–12
Teil 1: Gestaltung und Begegnung mit der Mitte

So geht`s: In der Mitte des Stuhlkreises liegt der Gymnastikreifen, der im folgenden Schritt vergoldet wird: Das Körbchen mit den goldenen Papierstreifen wird in die Mitte gestellt. Nacheinander gehen die Kinder zur Mitte, nehmen sich einen Goldstreifen und schmücken damit den Rand des Reifens aus.

Dazu kann folgender Text gesprochen werden:
Gott, du bist die Mitte.
Die Mitte des Universums.
Die Mitte unserer Welt.
Die Mitte unseres Lebens.
Die Mitte unserer Gemeinschaft.
Wir bitten dich, sei du mitten unter uns.

Alter: ab 5 Jahren

Material: Goldstreifen (aus goldfarbenem Papier) in einem Körbchen, Glockenspiel, gelbe Tücher, bunte Kreise aus Stoff

Hinweise zur Arbeit mit diesem Baustein

Mit den ersten Aktionen wird die Mitte der Gestaltung, der Ort, der Gott symbolisieren soll, erfahrbar gemacht.

Ein Kind wird eingeladen, sich in die Mitte des Reifens zu setzen. Es darf die Augen schließen. Ein anderes Kind darf währenddessen auf einem Glockenspiel oder ähnlichem Instrument eine Melodie spielen. Wenn die Töne verklingen, öffnet das Kind seine Augen. Dieses Element wird von anderen Kindern wiederholt. Doch beim zweiten Mal werden Kinder aufgefordert, an die Mitte heranzutreten und dem Kind in der Ringmitte ihre Hände schützend über dessen Kopf zu halten – es wird stellvertretend und symbolisch bewahrt durch die Hände der anderen.

Dazu kann folgender Text gesprochen werden:
Gott, du willst bei uns sein.
Du willst uns begleiten.
Du willst uns bewahren.
Du willst uns segnen.

Gelbe Tücher werden in die Mitte gelegt. Ein Mitarbeitender nimmt das obere Tuch ab, trägt es zu einem Kind. Dieses Kind hält es kurz in seinen Händen, legt es dann vor sich ab, um dann ein zweites Tuch einem anderen Kind zu bringen usw. Anschließend rollt jedes Kind sein Tuch zu einer Krawatte, die nacheinander den Innenkreis des Reifens füllen.

Dazu kann folgender Text gesprochen werden:
Gott, du bist immer gleich.
Und doch begegnest du uns unterschiedlich.
Du bist Liebe.
Du bist Wärme.
Du bist Güte.
Jeder von uns sieht dich ein wenig anders.

Jedes Kind erhält einen Stoffkreis oder ähnliches Material. Nacheinander darf sich jedes Kind einen Platz zwischen der Mitte und dem Stuhlkreis suchen. Es tritt an diese Stelle heran und legt dort seinen Stoffkreis ab, um dann zu seinem Platz im Stuhlkreis zurückzukehren. Anschließend wird ein Kind aufgefordert, von der Mitte zu seiner Stelle (seinem Stoffkreis) zu gehen, dabei wird es – wie beim Eröffnungsteil – von einem anderen Kind begleitet. Dieser Baustein wird mehrfach wiederholt, bis alle Teilnehmer ihren „Platz" angelaufen haben.

Dazu kann folgender Text gesprochen werden:
Gott, wir kommen zu dir.
Für jeden ist Platz.
Jeder hat seinen eigenen Platz.
Du begegnest uns an unserem Platz.

Lieder
Manchmal drehen sich gewohnte Dinge (MKL 2, Nr. 72)
Welcher Engel (Mein Liederbuch, B 56)

Deutung des Psalmtextes
So geht's: Ein Mitarbeitender reicht einen Korb, in dem verschiedene Engel unter einem Tuch verborgen liegen, im Kreis herum. Jedes Kind nimmt ihn entgegen und fühlt das Verborgene. Wenn es eine Vorstellung davon hat, was der Korb verborgen hält, gibt es das Körbchen weiter, bis alle es in ihren Händen gehalten haben. Zum Schluss wird das Körbchen in die Mitte des Reifens gestellt.
Dem Verborgenen wird eine Sprache gegeben, indem die Kinder umschreiben, was sie gefühlt haben, z.B. „es hat Flügel", „meistens ist es ein Bote", „es hat viele Gesichter", „es hört, wenn du rufst" ... Dann wird das Verhüllte „entdeckt", indem einzelne Kinder an das Körbchen herantreten und einzelne Tuchzipfel aufdecken. Die Engel werden von einzelnen Kindern auf den vergoldeten Reifenrand gestellt bzw. gelegt. Das leere Körbchen wird aus der Kreismitte entfernt.

Dazu wird der Psalmtext gesprochen:
Gott hat seinen Engeln befohlen,
dass sie dich behüten auf allen deinen Wegen,
dass sie dich auf Händen tragen
und du deinen Fuß nicht an einen Stein stoßest.

Der Text wird in die Kreismitte gelegt.

Anschließend dürfen die Kinder mit bunten Bändern einen Verbindungsweg zwischen dem Reifenrand und dem eigenen Stoffteil legen und diesen mit verschiedenen Legematerialien ausschmücken.

Dazu kann folgender Text gesprochen werden:
Gott, deine Engel begegnen uns.
Wir erleben dadurch deine Begleitung.
Wir erleben dadurch deinen Schutz.
Wir erleben dadurch deinen Segen.
Deine Engel sind um uns.

Material: Korb mit unterschiedlichen Engelsfiguren, Tuch zum Bedecken, Psalmtext, bunte Bänder, unterschiedliche Legematerialien wie Steine, Glasperlen, getrocknete Blumen, getrocknete Hülsenfrüchte etc.

Hinweise zur Arbeit mit diesem Baustein
Mit den folgenden Aktionen soll eine Auseinandersetzung mit dem Thema „Engel" ermöglicht werden. Es soll deutlich werden: Engel sind Gesandte Gottes, die zwischen Gott und den Menschen tätig werden.

Aufhebung des entstandenen Bodenbildes

Diese besinnliche Einheit endet mit einer gemeinsamen Aufhebung des Bildes. Alle stehen im Kreis. Das Bild wird zusammen betrachtet, evtl. kann dabei ein geeignetes Lied zusammen gesungen werden. Dann werden die Kinder eingeladen, das Bild in ihren Herzen aufzunehmen und dort zu bewahren. Eine entsprechende Handbewegung zum Herzen hin kann diesen Baustein unterstützen. Wer das Bild in sich aufgenommen hat, zeigt dieses den anderen durch eine offene Handhaltung an. Dann kann das Bild gemeinsam aufgelöst und alle Gegenstände zurückgelegt werden. Die Engel werden dabei zurück in den Korb gelegt.

Lied

Da berühren sich Himmel und Erde (MKL 2, Nr. 132)

Abschluss und Segen

Den Kindern wird die Begleitung Gottes durch seine Engel greifbar zugesprochen.

So geht`s: Die Kinder stellen sich in einen Kreis. Während der Text gesprochen wird, wird der Korb mit den Engeln herumgereicht. Jedes Kind nimmt sich einen Engel heraus und nimmt ihn mit nach Hause.

Alter der Kinder: ab 5 Jahren

Material: Korb mit Engeln

Hinweise zur Arbeit mit diesem Baustein

Es muss im Vorfeld darauf geachtet werden, dass für jedes Kind ein Engel zur Mitgabe vorhanden ist.

Text:

Gott hat seinen Engeln befohlen,
dass sie dich behüten auf allen deinen Wegen,
dass sie dich auf Händen tragen
und du deinen Fuß nicht an einen Stein stoßest.

Engel am Sakralbau
(Kölner Dom)

Foto: Reinhold

Engelsquiz

	60	70	80	90	100
Engel Allgemein	60	70	80	90	100
Schutzengel	60	70	80	90	100
Himmlische Boten	60	70	80	90	100
Himmlische Menschen	60	70	80	90	100

Engels Quiz
Wissen, Vorstellung und Fantasie der Kinder zum Thema wird abgefragt

Alter: ab 8 Jahren

Material: Folie mit dem Frageschema, Overhead-projektor

Dieses Quiz kann als Einstieg zum Thema, als Abschluss zur Vertiefung von Wissen oder auch als spielerisches Element in einer anderen Stundengestaltung verwendet werden.

Das Spiel wird nach üblichen Quizregeln gespielt.

Kommt eine Gruppe auf ein Schutzengelfeld, hat sie eine Antwort zusätzlich frei (darf also zwei mal antworten). Kommt die Gruppe auf ein Botenengelfeld, kann sie sich bei der Fragen eine hilfreiche Information beim Spielleiter erfragen. Dieser gibt einen Tipp, der die Antwort erleichtert. Kommt die Gruppe auf ein Feld mit einem himmlischen Menschen, gibt die andere Gruppe einen Tipp zur Beantwortung der Frage. Auf dem Joker-Engelfeld gibt es den Punktwert des Feldes ohne Frage. Kommt die Gruppe auf ein Aktionsfeld, wird die Aktion ausgeführt und der Punktwert gut geschrieben.

EA 60: Aktion: Malt einen Engel.
EA 70: Himmlische Menschen: Was haben Engel unserer Vorstellung nach meistens auf dem Rücken?
EA 80: Schutzengel: Nennt ein Kirchenfest im Jahr, bei dem Engel eine Rolle spielen.
EA 90: Botenengel: Nenne den Namen eines Engels.
EA 100: Joker-Engel

SE 60: Joker-Engel
SE 70: Schutzengel: Welche Aufgabe hat ein Schutzengel?
SE 80: Aktion: Habt ihr schon mal erlebt, wie ein Schutzengel euch geschützt habt? Erzählt!
SE 90: Himmlische Menschen: Warum haben Schutzengel Flügel auf dem Rücken?
SE 100: Joker-Engel

HB 60: Himmlische Menschen: Wer schickt Engel als Boten?

HB 70: Schutzengel: Wie hieß die Frau, der ein Engel sagte, dass sie Jesus zur Welt bringen würde?
HB 80: Aktion: Erzähle eine biblische Geschichte, in der ein Engel Gottes als Bote vorkommt.
HB 90: Joker-Engel
HB 100: Botenengel: Welchen Beruf hatten die Männer, denen ein Engel in der Nacht bei Bethlehem sagte, dass Jesus geboren wurde?

HM 60: Wer sagt „Mein Engel" zu euch?
HM 70: Aktion: Erzählt: Habt ihr schon mal erlebt, dass ein Mensch euch eine große Freude gemacht hat?
HM 80: Aktion: Überlegt, wie man einem anderen Menschen eine Freude machen kann.
HM 90: Himmlische Menschen: Was sind himmlische Menschen?
HM 100: Joker-Engel

Patty rätselt

Gestaltungsvorschlag: Tobias und sein Engel

Der Gestaltungsvorschlag greift aus dem Buch Tobit, das zu den Spätschriften des Alten Testaments gerechnet wird, die Erzählung von der Reise des Tobias in der Begleitung durch den Engel Rafael auf. Der Vorschlag will die Kinder dazu einladen, den eigenen Lebensweg im Vertrauen auf Gottes Begleitung zu gehen. Die Einheit lebt vom Erzählen im gestalteten Raum. Durch die Raumgestaltung soll das erzählte Geschehen lebendig werden und von den Kindern erfasst werden können. Die Protagonisten der biblischen Erzählung erzählen in diesem Gestaltungsvorschlag ihre eigene Geschichte und begleiten so den Weg der Kinder durch die Geschichte.

Monolog des Tobit

„Was hast du nun davon?" hat meine liebe Frau Hanna mich gefragt. Recht hat sie! Was habe ich nun davon? Einst war ich, Tobit, aus dem Dorf Tischbe, ein angesehener und reicher Mann. Meine Vorfahren und ich gehören zu dem Stamm Naftali, einem der zwölf Stämme Israels. Ich bin ein Mann, der Gott und seine Gebote achtet. Trotzdem habe ich miterleben müssen, wie die Feinde meines Volkes unser Land in Besitz genommen haben. Mit vielen anderen bin ich in die Gefangenschaft nach Ninive gekommen. Dort ging es mir nicht schlecht. König Salmanassar, der Machthaber des Landes, merkte bald, dass ich ein gottesfürchtiger, zuverlässiger und ehrlicher Mann bin und gab mir einen verantwortungsvollen Posten. Ich sorgte dafür, dass es in seinem Königshaus an nichts mangelte. Ich nutzte meine hervorragende Position so gut es ging aus und gab von meinem Wohlstand denen ab, die Not litten. Doch dann wendete sich das Blatt. König Salmanassar starb und sein Sohn Sanherib bestieg den Thron. Er war grausam zu uns Israeliten und tötete viele von uns. Obwohl es uns verboten war, begrub ich heimlich meine toten Freunde und Freundinnen. Doch ich wurde verraten und musste vor dem Zorn des Königs fliehen. Mein ganzer Besitz wurde mir genommen. Nicht lange danach wurde König Sanherib Opfer eines Anschlags und wieder kam ein neuer König an die Macht. König Asarhaddon war uns wohl gesonnen und ich konnte zu meiner Frau Hanna und meinem Sohn Tobias heimkehren. Eigentlich hätte nun alles gut sein können. Doch ich hatte einen schrecklichen Unfall, bei dem ich mein Augenlicht verlor. Seitdem bin ich blind und kann nicht mehr arbeiten. Meine Hanna muss uns durch ihre Arbeit am Webstuhl notdürftig ernähren. Arm sind wir und nutzlos bin ich. Ich habe Gott gebeten, dass er meinem Leben ein Ende setzt. Obwohl ich ein Mann bin, der Gott und seine Gebote achtet, habe ich so viel Leid erleben müssen. Nun will ich nicht mehr leben. Doch bevor ich sterbe, will ich noch dafür sorgen, dass es meiner Familie gut geht. Mein Sohn Tobias soll eine wichtige Reise machen.

Erzählhinweis

Tobit erzählt seine Geschichte selber. Ein als Tobit verkleideter Mitarbeiter betritt den Raum. Er spielt den Blinden und tastet sich zu einem Platz vor den im Halbkreis am Boden sitzenden Kindern. Eine schwarze Sonnenbrille und ein Taststab kennzeichnen seine Behinderung. Dann erzählt er seine einführende Geschichte.

Hinweise zur Arbeit mit diesem Baustein

Nach der monologischen Erzählung wechseln die Kinder, begleitet (und geleitet?) von Tobit, in den nächsten Raum. Dies kann in erlebnisorientierter Form mit der Aktion „Blinde führen" gestaltet werden.

Blinde führen

Kinder erleben, wie es ist, wenn man einen Weg gehen muss, ohne sehen zu können

Alter: ab 5 Jahren

Material: Schals, Tücher, Augenbinden

Hinweise zur Arbeit mit diesem Baustein

Die Behinderung Blindheit soll hier nicht spielerisch verniedlicht oder unangemessen nachgeäfft werden. Die Bewältigung eines Weges in einem „blinden" Zustand soll den Kindern aber einen Eindruck davon vermitteln, wie es ist, wenn man ohne Augenlicht leben muss.

So geht's: Die Kinder suchen sich einen Partner. Jeweils eins der Kinder lässt sich die Augen verbinden. Nun soll es, geführt vom Partner, den Weg in den nächsten Raum bewältigen. Auf halber Strecke werden die Rollen getauscht.

Erzählen im Raum I: Tobias, der geheimnisvolle Reisebegleiter und der Haushund

Alter: ab 5 Jahren

Material: nicht erforderlich

Hinweise zur Arbeit mit diesem Baustein

Das Spiel kann optional eingebaut werden und wird gespielt, bevor Tobias und Asarja den Raum betreten.

Koffer packen

Altbekannt, aber als Einleitung in diesen thematischen Zusammenhang gut zu gebrauchen

So geht's: Die Kinder benennen reihum Dinge, die sie in einen Reisekoffer packen. Jedes Kind benennt einen Gegenstand und muss die zuvor benannten Gegenstände wiederholen, bevor es den eigenen anfügen kann.

Monolog des Tobias

Erzählhinweise

Ich gestalte den Raum mit vielen Koffern und Landkarten an den Wänden. Ein halb fertig gepackter Rucksack kann in der Mitte stehen. Tobias betritt, zur Reise gerüstet mit Taschen und Mütze, den Raum. Mit ihm kommt der Engel Rafael, der aber in seiner Gestalt des jungen Mannes Asarja nicht als Engel zu erkennen ist. Auch Asarja ist zur Reise gerüstet.

Hinweise zur Arbeit mit diesem Baustein

Der Monolog kann dialogisch mit Einfügungen von Asarja und Vater Tobit gestaltet werden.

Eines Tages rief mich mein Vater zu sich. Als ich in sein Zimmer kam, erschrak ich. Blass war er und müde sah er aus. Er winkte mich zu sich und erzählte mir mit leiser Stimme, dass er Gott gebeten hätte, seinem Leben ein Ende zu bereiten. Ich wusste nicht, was ich dazu sagen sollte. Mein Vater zog mich noch näher zu sich und erzählte mir von einem großen Geheimnis. Vor vielen Jahren war er häufiger nach Medien gereist, um dort für den König Salmanassar einzukaufen. Bei einer dieser Reisen vertraute er einem Geschäftspartner in Medien, sein Name war Gabael, ein großes Vermögen, nämlich zehn Säcke Silber, an. Mein Vater erzählte mir, dass er aufgrund der misslichen Umstände seiner Flucht und seiner Blindheit nicht mehr an dieses Vermögen gedacht hatte. Nun sei es ihm wieder eingefallen. Zuerst wollte ich meinem Vater nicht glauben. Als er mir dann seine Hälfte des Vertrages zeigte, den er mit Gabael geschlossen hatte, wusste ich, dass es diesen Silberschatz tatsächlich gibt. „Du, mein Sohn Tobias, sollst dieses Geld holen!" sagte mein Vater zu mir. Ich hatte nichts dagegen, diese Reise zu machen, aber Medien ist weit und die Reise nicht ungefährlich. „Suche dir einen Reisebegleiter", sagte mein Vater. Also ging ich in die Stadt, um nach einem zuverlässigen Begleiter Ausschau zu halten. Ich traf einen jungen Mann, der nicht nur selber bereits häufig in Medien gewesen war, sondern auch den alten Geschäftsfreund meines Vaters persönlich kannte. Nicht lange danach machte ich mich mit meinem Begleiter Asarja und unserem Hund auf den Weg.

Schon bald begann ich, mich über meinen Reisebegleiter zu wundern. Es geschahen merkwürdige Dinge. Einmal badete ich im Fluss Tigris meine wunden Füße, als ein riesiger Fisch aus dem Wasser schnellte und nach meinem Fuß schnappte. Ich erschrak fürchterlich und rief Asarja um Hilfe. Der antwortete: „Greif zu und fang ihn!" Ich weiß nicht warum, aber ich tat es. Tatsächlich konnte ich den Fisch mit meiner bloßen Hand fangen. Als ich ihn ausnahm und die ungenießbaren Innereien wegwerfen wollte, hinderte mich Asarja daran. „Verwahre Galle, Herz und Leber. Wir werden sie noch brauchen!" Ich verstand zwar nicht, wozu diese Innereien gut sein sollten, folgte aber seinem Ratschlag. Wenig später, als wir an der Grenze zu Medien waren, erzählte mir Asarja von einer jungen Frau mit dem Namen Sara. Sie ist die Tochter vom Cousin meines Vaters, den wir in Medien besuchen wollten. Asarja forderte mich auf, Sara zur Frau zu nehmen. Nicht lange danach kamen wir in die Stadt Ekbatana, wo wir bei meinen Verwandten zu Gast sein wollten.

Verkleiden zu Hochzeitsgästen
Die Kinder werden für den nächsten Erzählabschnitt festlich gewandet und geschmückt

So geht's: Die Kinder werden festlich dekoriert und anschließend in den geschmückten Raum geführt.

Alter: ab 5 Jahren

Material: Verkleidungskoffer mit feinstem Zwirn

Hinweise zur Arbeit mit diesem Baustein

Die Kinder können auch gebeten werden, entsprechende Kleidung mitzubringen

Erzählen im Raum II: Sara, Tod im Schlafzimmer und ein letzter Versuch

Festlicher Imbiss
Es werden Waffeln oder Gebäck und Limonade oder Kakao gereicht. In den Schmaus hinein betritt Sara, als Braut gekleidet, den Raum und berichtet von ihren Erlebnissen.

Monolog der Sara

Es ist ein Wunder, dass ich heute im Festkleid vor euch stehe. Ich kann beinahe nicht mehr zählen, wie oft ich in den letzten Jahren mein Trauerkleid trug. Es ist wie ein böser Fluch, der über mir gelegen hat; wie ein Schatten des Bösen, der mich verfolgt. Sieben Mal habe ich voller Glück und Liebe geheiratet. Sieben Mal habe ich festlich Hochzeit gefeiert. Sieben Mal bin ich spät in der Nacht mit meinem Geliebten in unser gemeinsames Schlafzimmer gegangen. Sieben Mal ist der Tod in das Zimmer getreten und hat mir meinen Mann genommen, bevor ich ihn auch nur umarmen und küssen konnte. Sieben Mal bin ich Witwe geworden kaum, dass ich verheiratet war. Schließlich, nach dem siebten Mal, wollte ich nicht mehr leben. Ich bat Gott, den Herrn, meinem Leben ein Ende zu bereiten. Doch Gott hatte anderes mit mir vor. Tobias und sein Begleiter kamen in unsere Stadt Ekbatana. Weil der Vater von Tobias der Cousin meines Vaters Raguel ist, lud mein Vater sie zu uns ein und veranstaltete ein großes Festmahl. Ich hörte, wie sie miteinander sprachen. Tobias bat meinen Vater, mich ihm zur Frau zu geben. Ich war außer mir vor Freude. Aber zugleich war ich auch voller Angst. Würde ich wieder einen Mann verlieren? Nicht lange danach haben wir eine großartige Hochzeit gefeiert. Wir haben festlich geschmaust und getanzt und gesungen. Als es spät wurde, bin ich mit Tobias zu unserem Schlafzimmer gegangen. Mit jedem Schritt bekam ich mehr Angst. Doch Tobias wusste bereits von dem Unglück, das mir sieben Mal geschehen war. Er holte die Leber und das Herz eines Fisches aus seiner Tasche und verbrannte sie auf glühenden Kohlen, die er aus der Küche mitgebracht hatte. „Wundere dich nicht!" sagte er zu mir. „Mein Reisebegleiter Asarja hat mir gesagt, dass ich dies tun soll. Er hat mir erklärt, dass der aufsteigende Geruch die Schatten des Todes vertreibt." So geschah es. Als der Geruch des bratenden Fleisches aufstieg, spürte ich, dass der Fluch des Todes von mir genommen wurde. Tobias und ich verbrachten eine schöne Hochzeitsnacht miteinander. Nun wollen wir aber bald in die Heimat von Tobias zu seiner Familie reisen. Zuerst werden wir aber noch das Silber abholen, das der Vater von Tobias bei seinem Geschäftsfreund in Verwahrung gegeben hat.

Erzählhinweise

Ich schmücke den Raum prächtig mit Girlanden und Blumen aus. Auf einem Tisch richte ich Gebäck oder Waffeln, Limonade oder Kakao zum Verzehr. Den Boden bedecke ich nach Möglichkeit mit Kissen und Decken, so dass sich die Kinder nach dem festlichen Schmaus zur Geschichte hinlegen können.

Erzählen im Raum III: Vater Tobit sieht, dass Gott gut ist

Brücke

Die Kinder werden zurück in den ersten Raum geführt, der inzwischen verdunkelt ist. Je nach Alter der Kinder kann der Raum gänzlich verdunkelt sein. Die Kinder werden so in die angstvolle Zeit des Wartens und in die Blindheit von Vater Tobit hinein genommen. Tobias, Asarja und Sara warten inzwischen draußen und betreten später den Raum.

Dialogische Szene von Tobit und Tobias
Asarja gibt sich zu erkennen

Tobit: Meine Frau Hanna und ich haben die Hoffnung schon aufgegeben. Zu lange ist Tobias, unser Sohn, schon unterwegs. Meine Frau weint Tag und Nacht um ihn. Sie glaubt, dass ihm auf der Reise ein Unglück zugestoßen ist. Zuerst habe ich versucht, sie zu beruhigen. „Bestimmt ist er etwas länger bei meinem Cousin Raguel aufgehalten worden", habe ich gesagt. „Er hat einen guten Begleiter dabei", habe ich gesagt. Nun ist aber wirklich eine lange Zeit verstrichen. Ich fange an, mir Sorgen zu machen. Aber halt? Was höre ich?

Die Tür wird geöffnet und Tobias betritt mit Asarja den Raum. Sie tragen jeweils eine Kerze in Händen. Sie stellen die Kerzen sicher ab.

Tobias: Ich bin es, Vater.

Tobit: Soll das denn wahr sein? Komm her, mein geliebter Sohn, und umarme mich!"

Tobias umarmt seinen Vater.

Tobias: Wundere dich nicht, Vater. Asarja, mein Begleiter, hat mir gesagt, ich soll dir mit der Galle eines Fisches, den ich gefangen habe, über die Augen streichen. Dann wirst du wieder sehen können. Vertraue nur, ich habe wunderbare Dinge mit Asarja erlebt.

Tobit reckt den Kopf nach hinten und lässt seinen Sohn Tobias gewähren. Im Raum geht das Licht an.

Tobit: Kann das denn wahr sein? Ich sehe! Ich sehe dich, meinen Sohn und deinen Begleiter sehe ich auch. Mein Gott, ich danke dir! (Schaut verwundert zur Tür) Sage mir, Tobias, wer ist die schöne Frau, die zu uns in unser Haus kommt?

Sara erscheint in der Tür.

Tobias: Das ist meine Frau Sara, die Tochter deines Cousins Raguel. Ich habe sie bei ihm kennen gelernt und wir haben geheiratet.

Tobit eilt auf Sara zu und umarmt sie.

Tobit: Willkommen meine Tochter und gepriesen sei Gott, der dich zu uns geführt hat. Komm ins Haus, es ist deines. Ich wünsche dir Gesundheit, Glück und Freude. Tritt ein.

Tobit wendet sich an Asarja

Tobit: Nun sollst du, treuer und wunderbarer Reisebegleiter, deinen Lohn erhalten. Mein Sohn Tobit wird dir einen Teil des Silbers geben.

Asarja, der abseits gewartet hat, tritt zu Tobit, Sara und Tobias.

Asarja: Ich will keinen Lohn. Ich muss euch vielmehr etwas sagen. Ich bin nämlich nicht der, für den ihr mich haltet.

Asarja nimmt den dunklen Umhang ab, den er getragen hat. Darunter trägt er ein weißes Gewand mit einem goldenen Gürtel. Tobit, Sara und Tobias weichen zurück.

Asarja: Ich bin der Erzengel Rafael. Gott hat dein Beten, Tobit, und dein Flehen, Sara, gehört. Aber er wollte eure Bitte um euer Lebensende nicht erfüllen. Er hat mich gesandt, um alles zum Guten zu wenden. Preist Gott und gebt ihm die Ehre, denn er meint es gut mit euch. Ich werde jetzt wieder zu Gott gehen.

Rafael verlässt den Raum.

Lied

Bastelaktion
Schutzengel mit Spruch (siehe S. 34)

Abschluss des Tobit
Die Kinder erleben, wie Tobit Gott lobt

Text
Gepriesen sei Gott.
Gepriesen sei Gottes Name.
Gepriesen seien alle Engel Gottes.
Sein großer Name schütze uns.

Inhalt